S T O C K

株は技術だ!

倍々で勝ち続ける究極のチャート授業

相場師朗
SHIRO AIBA

ぱる出版

「中間報告」

この本は、私のトレード技術研究の「中間報告」です。

なぜ、「中間報告」なのかというと、私のこれまでの30年以上の蓄積を土台に、さらに私の技術は磨かれていくからです。

この本の執筆を終えた後も、私は技を磨き続けます。世の皆さんが、将棋の練習をするように、ピアノの練習をするように、テニスの練習をするように、私も「トレードの練習」をします。

練習を続けることでいろいろな課題が発見され、その課題を克服していく。

そして、さらなる高みにたどり着く。この繰り返し。ですから、私のトレード技術には終わりがありません。

だから、「中間報告」なのです。

しかし、中間報告とはいえ、この本に書く内容は、読者の皆さんがこれから株のトレードで大きな成果をあげるのに、十分な内容になっています。30年以上の経験のすべてを、ここに書くことは不可能ですが、そのポイントとなるところは書きました。

のちに、詳しく書きますが、私は「株は技術」と考えています。

「技術」であるということは、練習を積み重ねれば、ほとんどの人が上手になれます。

これは、今まで株で負け続けた方、これから株を始めようと考えている方にとって、朗報だと思います。

私はキャベツの千切りが苦手です。だから、キャベツの千切りが上手な人を見ると、「よくもまあ、あんなに早く、正確に切れるものだ」と感嘆します。

しかし、もし私を含め、キャベツの千切りが苦手な人たちが一堂に集められ、「キャベツの千切りが上手になるまで家に帰さない」、そんな状況に追い込まれたとしたらどうなるでしょうか。

キャベツの千切りを習得できない人はいるでしょうか。もちろん、そんなことはありえません。全員が必死で「練習」を繰り返し、「キャベツの千切り」を習得して、やがてシャバに帰っていくことになるでしょう。

千切りが練習で上達するのと同じように、株も練習で上達できます。なぜなら、両者とも「技術」だからです。そこに「才能」も「頭のよさ」もいりません。正しい練習さえ積めば、誰でも上手になれるのです。これからその「技術」を詳しく話していきましょう。

株は技術だ！

「中間報告」

株は技術だ！

目次

第5章　相場流投資の二大要諦　「株価の流れ」を読む＋「建玉の操作」

第6章　株価の流れを読む　実践編　移動平均線の使い方を究めよ！

第8章 建玉の操作② 暴落には「予兆」がある！

第9章　5つのトレード練習法 「読み」と「操作」の質を劇的に上げる

序章

株の世界の「職人」

技術だから再現できる！

あなたも株の「職人」になれる！

「職人」という響き、「匠《たくみ》」という響き。

私たち日本人は、この響きに何か崇高なものを感じます。

ひとつのことを長い間続け、研鑽《けんさん》、鍛錬し続けた名人。その道数十年の高い技術をもって仕事にあたり、多くの人々の驚嘆を得る。そんなイメージがあります。

テレビ番組でありますよね。古い家でいろいろガタがきて、非常に住みにくくなっている。そんな家を、「匠」がその住人のために、快適な家に造り変える。

さて、いろいろな世界に、その道を究めたプロが存在します。

将棋、囲碁、合気道、空手、フォークリフトの操作、けん玉、ビリヤード、料理…。

我々、株の世界にも「職人」がいてもおかしくありませんよね。

「いたとしても、私のような凡人は株職人になどなれない」と思った読者に、私はこう宣言します。

なれまっす！！！！！！！

な・れ・る・ん・で・す！！

職人というのは「技術者」なんです。技術者というのは「道具」を使うプロ。道具を使いこなしモノを作る。そして、そのパフォーマンス（＝成果）は、常人をはるかに越えるものになる。

暴騰…失礼！　冒頭でした。冒頭でお話した、キャベツの千切りを思い出してください。包丁という道具を使い、何度も何度も練習をする。そうすると、「待てよ！　これは、こうするともっとうまくいくんじゃないだろうか」と考える。で、試してみる。

「お！　うまくいったぁーっ！」。そして、さらに練習を続けていく。さらなる上のランクのパフォーマンスがほしくなる。そうすると、また課題ができる。この課題を克服するべく工夫と実験を繰り返す。

このようにして、プロは自分の技量を高めていくわけです。

私は、そのようにして試行錯誤の35年間で株の「技術」を磨いてきました。そして、成果をあげ続けてきました。弟子たちも同じようにして、成果をあげられるようになってきています。私のやり方で、弟子たちも成果をあげられるようになったということは、「再現性」があるということです。

「相場さん、あなたがいう株の技術が本物なら、どうしてそんなすばらしい技術を人に教えるんですか?」とよく聞かれます。

その答えは簡単。教えたいからです!

ある日、『7step株式投資メソッド』という動画教材を一緒に作った某プロモーション会社の社長から「生のセミナーをやってみませんか?」とのお誘いを受けました。生シュークリーム・生ビール・生ウニが好きな私は、またしても「生のセミナー」という言葉に乗って、OKを出してしまいました。

そして、セミナー当日。

会場に行ってみると、なんと100人以上の受講生が集まっていました。こうなるとセミナーでの利益とかそんなものより、「喜ばれるよいセミナーをしよう」という気持ちになります。これまで培《つちか》った考え方、技術を誠心誠意伝えていくと、会場に来てくださった受講生や、動画で勉強してくださった受講生から、たくさんの感謝のメールや手紙が寄せられたのです。

本当に嬉しかった。

50歳を越え、人のために何かをすることの喜びを心底味わった気がしました。

それから、数年。

教える力も「技術」です。常に、よりわかりやすいセミナーを心がけてきました。

おかげさまで、今では1回のセミナーで、1000人以上の受講生が集まるものもあります。少ない募集人員のセミナーでは、座席が足りずに立ち見や座り見も出てしまっています。

月2回行っている「株塾」勉強会には、ほとんど毎月海外から来てくださる方もいます。

こうして人のために、一生懸命講義をすることの喜びを心底感じるようになったのです。

プロ野球の選手などが「ファンの皆さまのご声援のおかげで」というメッセージをすることがあります。これはまさに、本当だなと思っています。

私が世のためにできることのひとつが、35年間練習・研鑽をしてきた株の技術を、皆さんにお伝えすることです。そして、技術を磨く喜びを教え、その先にあるご家族との豊かな生活に貢献することが、私の喜びです。

株は技術です！

「技術」であるならば、練習を続ければそれなりの到達点に達することができます。自家用車を運転できるレベルか、タクシーの運転手クラスか、はたまたプロのレーサーレベルになるのかは、ご本人の努力次第です。

ぜひ、円あって…いえ！　縁あってこの本を手にされたあなたには、プロ級になっていただきたいと思います。

それでは、本題に入っていきましょう。

株は技術だっ！

第1章

株価は「上げ下げ」を繰り返す

まずはチャートで確認！

3つの日経平均株価チャート

チャート①‐1を見てください。

このチャートは、日経平均株価の2015年2月5日から約15ヵ月分のチャートです。

この動きを冷静に見て、考えてください。

ここで、私の考えを先にお伝えしないで「考えてください」と言っているのには理由があります。それは、自分で考えることが大事だからです。私はこの本で、あなたをプロ級トレーダーの玄関先まで導こうと考えています。ですから、プロの行動パターンをあなたに定着させたい。この「自分で考える」という習慣は、プロの行動パターンのひとつなんです。

もし、あなたが株で大成功をしたいのであれば、まずは私の言うことを聞いてやろうと思ってください！　この「自分で考える」というすばらしさは、研鑽を積めばわかってきます。心に刻んでください！

さて、先に進みましょう。

先ほどの①‐1を見ての感想ですね。答えは、あなたが感じたとおりです。

チャート①-1（日経平均株価　2015/2/5～2016/4/16・日足）

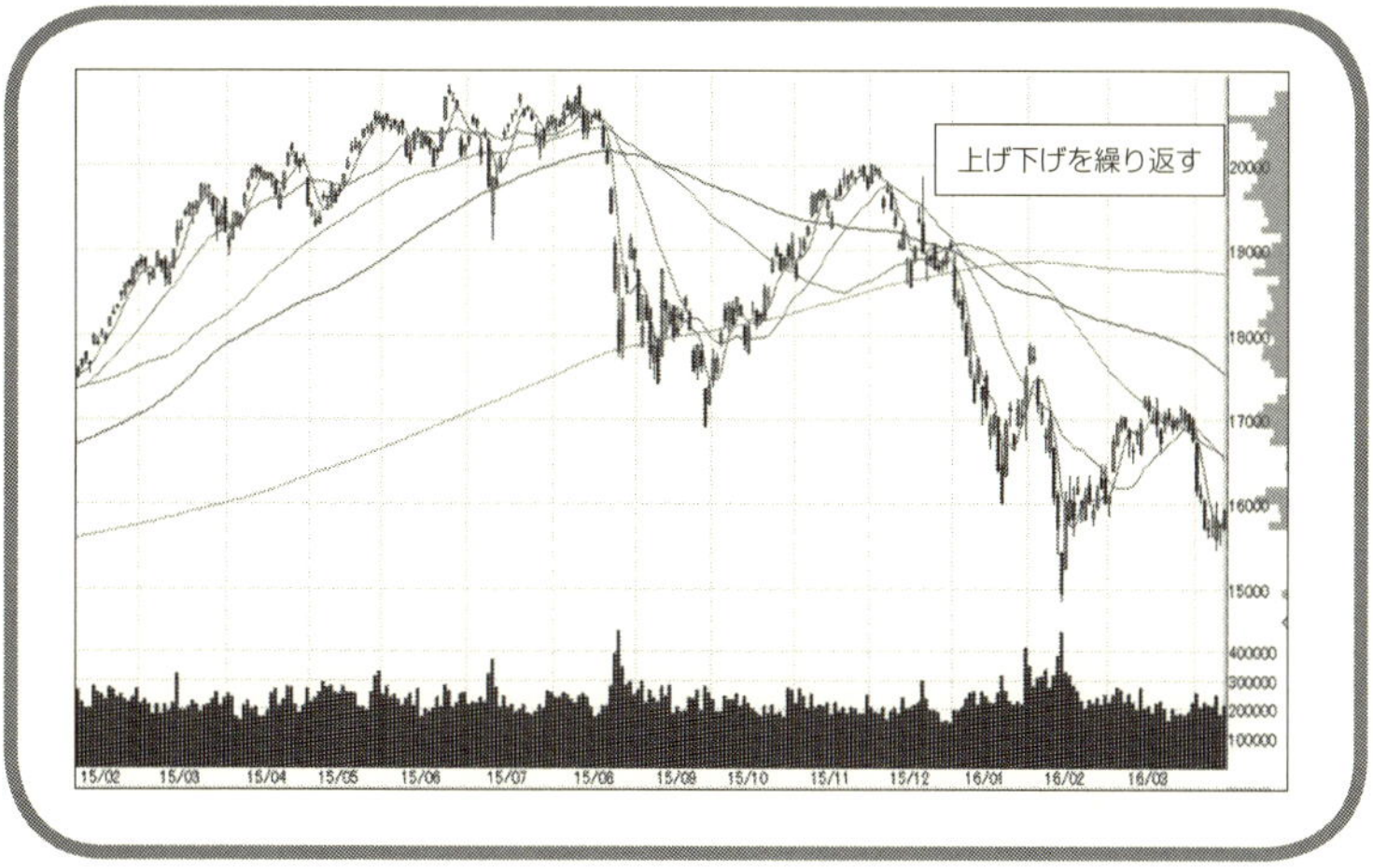

①半分くらいの期間は上がっていて、半分くらいの期間は下がっている。

②下げては上げて、また下げている。逆に、上げてもいったんは下げて、また上げている。

中には鋭い人がいて、

③上げてきて、上げ止まると横ばって、下げに転じる。

などと感じたのではないでしょうか。

それでは、チャート①-2を見て、いろいろ感じてみてください。この約15ヵ月間、上げたり下げたりの連続ですね。

さらに、これはどうだっ！

チャート①-3を見てください！

あのノストラダムスの大予言の年月であったにもかかわらず「株価は上げ下げを繰り返して」います。

さらに次のチャートをみてください！

と、これ以上続けると、あなたに「もうわかった！　くどい！」と言われそうです。

そうです。株価というものは、年中「上げ下げを繰り返している」のです。上昇している期間は、売る人よりも買う人のほうが多いから、上昇する。一方、下落している期間は、買う人よりも売る人のほうが多いから、下落します。

このことは、60ページで詳しくお話したいと思います。

ここでは、「株価は上げ下げを繰り返している」ということだけを理解していただきましょう。そして、今後の株トレードの際には、このことを常に頭の中に置いていてください。

チャート① -2（日経平均株価　2011/10 ～ 2012/12・日足）

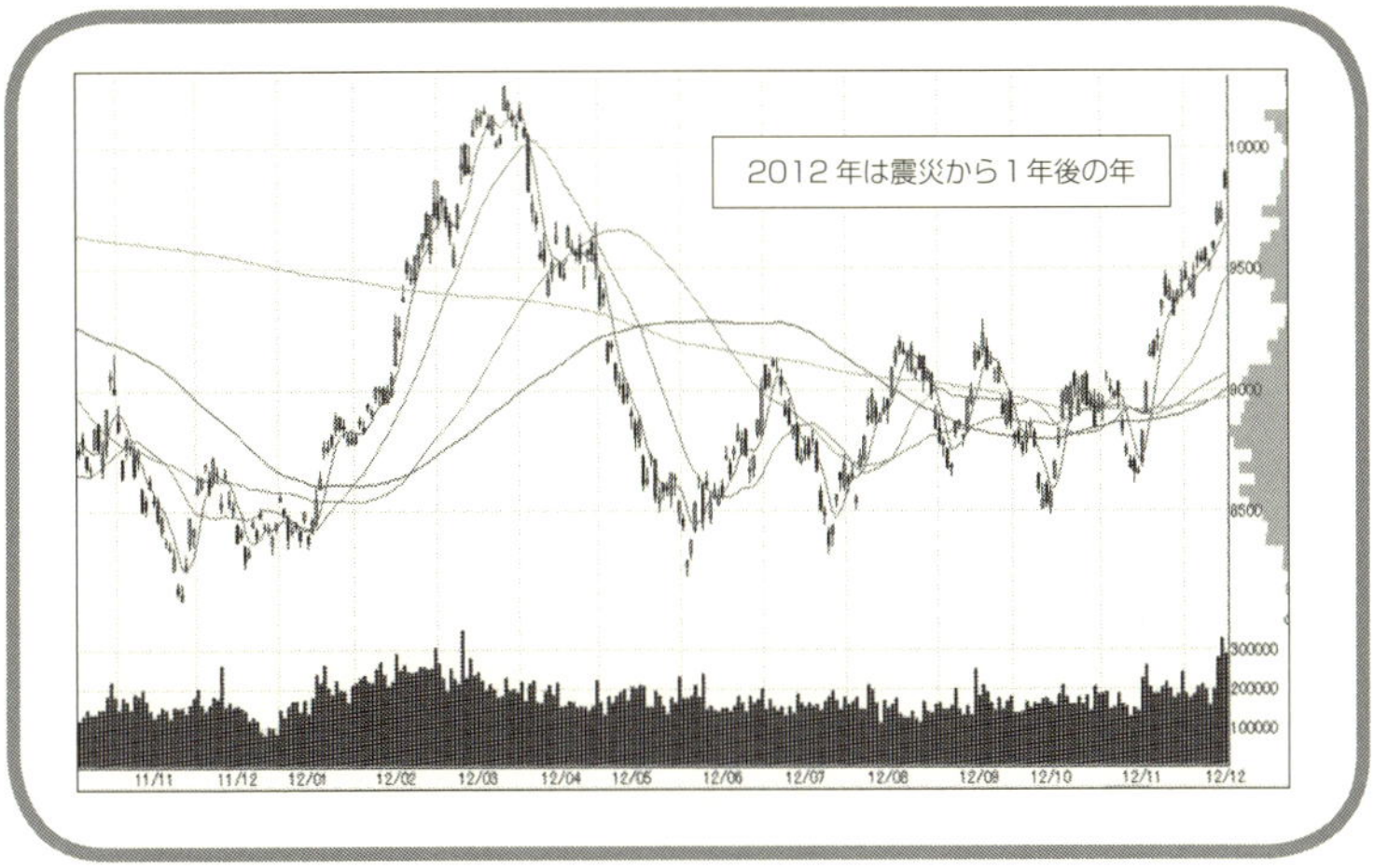

チャート 1- ③（日経平均株価　1998/5 ～ 1999/7・日足）

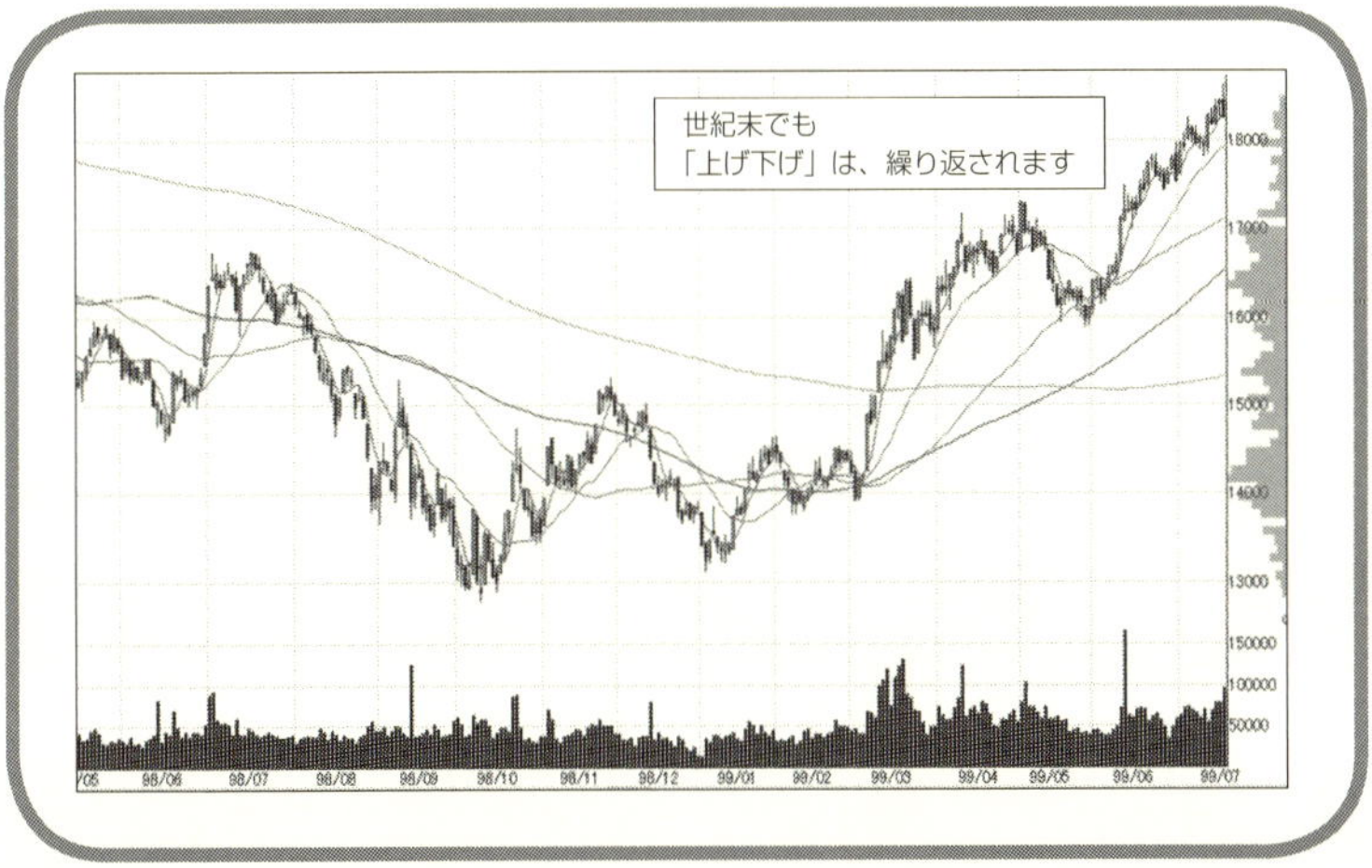

ローソク足とは

ローソク足とはチャートの一種。これひとつで、株価が「上がったか、下がったか」のほかに4本値（始値《はじめね》・高値《たかね》・安値《やすね》・終値《おわりね》）も表す。株価が「上がったとき」のそれを「陽線」といい白ヌキで表す。一方、「下がったとき」のそれを「陰線」といい黒ヌリで表す。

日ごとのローソク足は「日足《ひあし》」とよばれ、1日の最初の取引でついた値段を「始値」、最後の取引でついた値段を「終値」とよぶ。

○株価が上がったとき

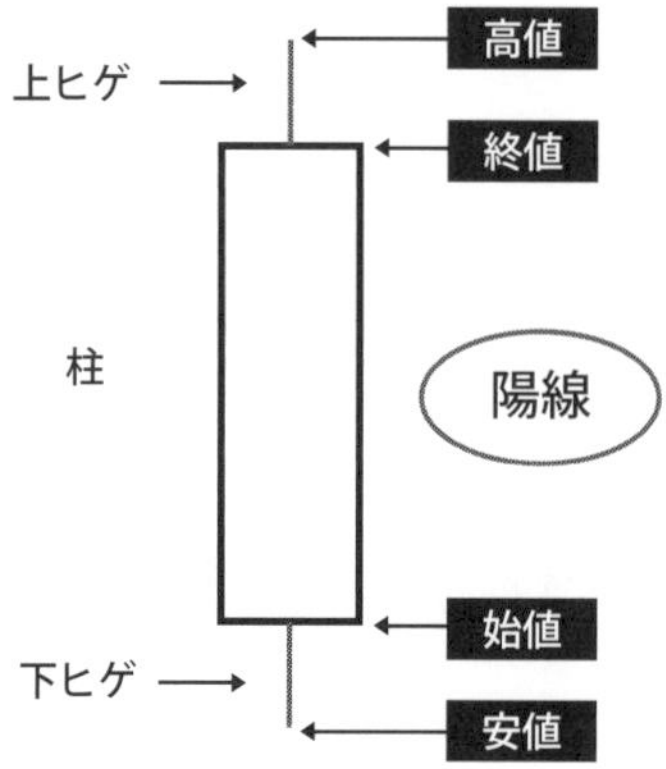

●株価が下がったとき

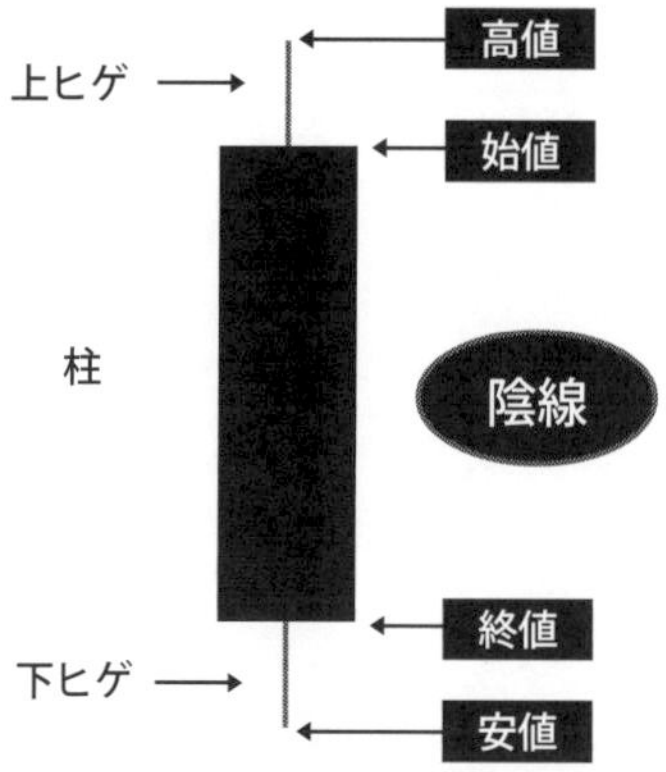

第2章

すべては
チャートに表れる

業績・経済情勢の分析は無駄！

業績など気にするな

「株価は上げ下げを繰り返している」ということは、第1章でご理解いただいたとおりです。

本章では、「すべてはチャートに表れる」ということを覚えてください。株式市場の表側で行われていることも、裏側で行われていることも、すべてのことは株価に反映し、チャートに表れてきます。

たとえば、ある会社の話です。次に発表する業績が、かなり悪かったとします。

これを察知した一部のアナリストが、その予測をレポートに書きます。これを見た大口投資家が、持ち株を少しずつ手放しているとします（大口投資家は持ち株を手放す際、一遍には売りません。というか、株価が一気に下がってしまうので売れません。少しずつ売っていきます）。

売りが増えるので株価は下がりますが、これは明らかにチャートに表れます。このままだとローソク足は陰線になって、その日の取引が終わるでしょう。

ところが、この業績発表のことを知らない別の投資家が、値ごろ感から売りを超える量の買い付けをしたとします。こうすると、株価は下がらず逆に上昇します。

この場合、結論は「陽線」です。株価は、前日比プラス○○円。


これは発表前の話ですが、たとえ発表後でも同じです。

ある会社が、悪い業績を発表しました。

これを受けた投資家が、持ち株を手放してきます。

一方、下げた時がチャンス！ と買いを入れてくる投資家もいます。そのまた一方で、株価が意外と下がらないのを見た別の投資家が、買いを入れてきます。

結果、株価は上昇、ローソク足は「陽線」、5日連続上昇！ ということだってあります。


「悪い業績発表」はどこにいってしまったのでしょうか！

しかし、株式市場では、常にこのようなことが行われているのです。

この場合、ニュースには、「悪材料出尽くしで買われる！」などと書かれます。できれば、先に「明日は悪材料出尽くしで、買われます！」と書いてほしいのですが…。

また別のお話し。

28ページのチャート②‐1を見てください。これは、日立製作所の日足チャートです。○で囲った部分は2004年5月の動きです。5月6日から5月17日までは下げています。

チャート②-1（6501 日立製作所　2004/5～2004/6・日足）

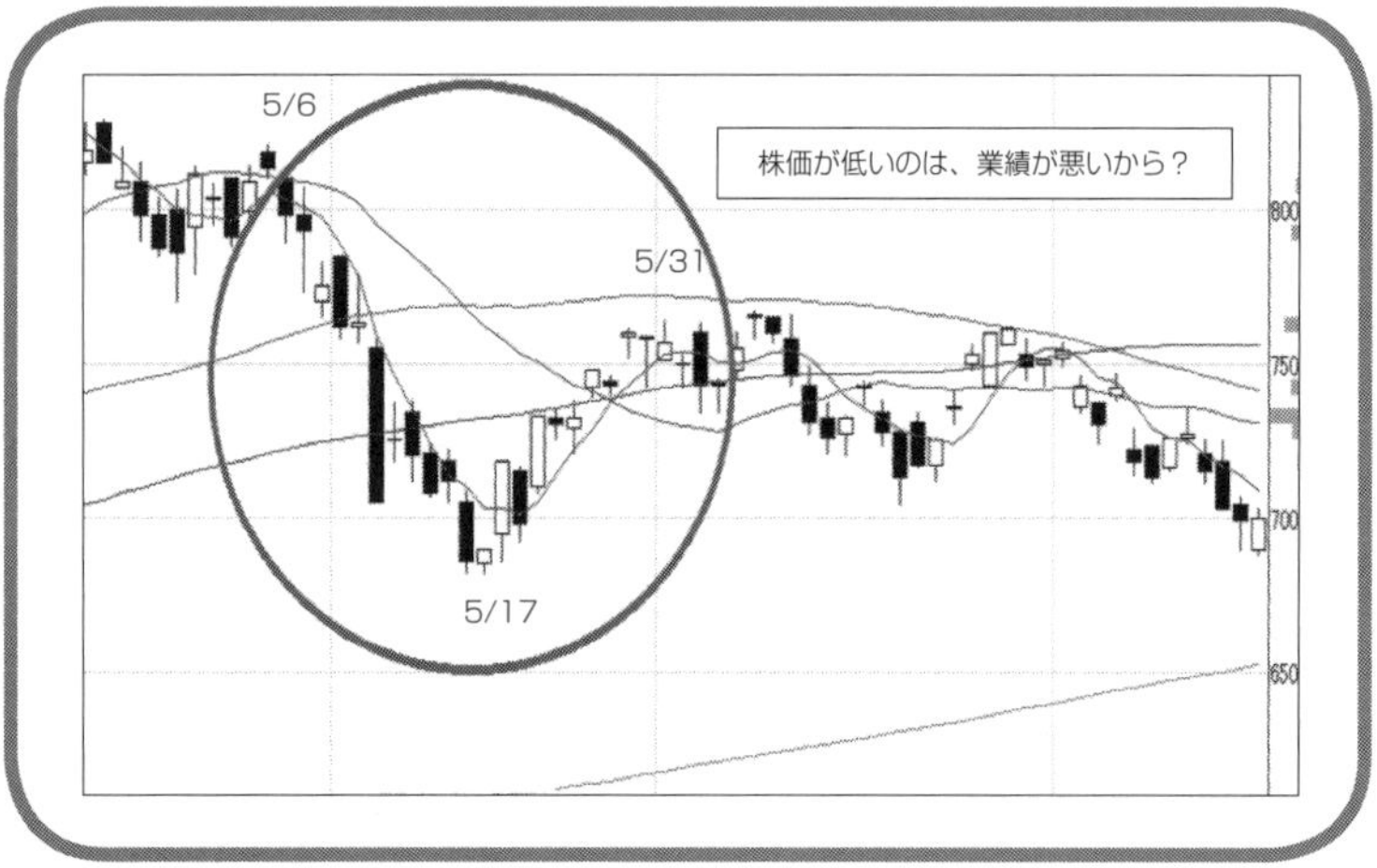

そして、翌5月18日から月末の31日までは上昇しています。

もし株価を動かす要因が「業績」だとしたら、この5月の前半は業績が「悪く」、後半は業績が「よく」なったということです。もしくは、5月の初めに今後の業績見通しが悪くなり、中旬にそれが訂正されたということになります。しかし、当期間にそんな動きはありませんでした。

チャートだけ見ると、ちょっと下げて上がっただけのように見えますが、これはなかなかの振れ幅です。

前半の下げが約100円、下落率12・5％。後半の上昇が約70円、上昇率10％です。12％というと、日経平均が1万7000円とした場合、2040円にもなります。

しかも、このような値動きは、この○で囲った期間以外にも日常的に起きています。
そして、それは他の銘柄でも同じです。

株価は、「業績」だけで動くわけでもなく、その会社の「将来性」だけで動くわけでもない。市場に参加するいろいろな人々の売りと買いが交錯し、形成されるわけです。

そして、この動きを連続的に表現したものであるチャートは、その「傾向」を如実《にょじつ》に表しています。

したがって、実践家の立場からは、株価の動きは決して「ランダムウォーク」ではないといえます。もし、ランダムウォークなら「常勝」などできません。詳細は別途お話しするとします。

＊ランダムウォーク理論：株価の値動きは、過去の動きにとらわれないとする理論。したがって、明日、株価が上昇するか下落するかは、2分の1の確率であるとする考え方。

「株価の流れ」だけを見よ！

どんなにその会社の情報を集めても、株価を予測することは困難です。

その会社のいろいろな方と面談し、世界中の営業所を回り、過去の決算書を入念に吟味し、業界動向をつぶさに研究したとしてもです。

これは、いろいろなファンドの成績を見てもわかるとおりです。


ですから、無駄な抵抗はやめて、アウトプットである株価の流れだけに注目しましょう。

それが、一番効率のよいやり方です。

私は、このことに気づいてからトレードがうまくいきだしました。

あれから、もう数十年になります。


「すべてはチャートに表れる！」


さて、ここで先ほどのチャートで相場師朗ならどう戦うか少し紹介してみましょう。

私なら、前半を空売りで取り、後半を買いで取ります。

実際の戦いではもっと複雑になりますが、単純計算では前半を1万株での「空売り」とすれば約100万円の利益、後半は「買い」で70万円の利益になります。
これで、5月の利益は170万円です。もし日立製作所以外にも、4銘柄扱っていて、同じように利益を出したならば、5月の利益は850万円です。

あなたもこんなトレードができたらいいですね！
これからあなたをこの世界にお連れしたいと思います。

すべてはチャートに表れる！

心に刻んでください！
あ！　これもお伝えしなければ…。

「すべてはチャートに表れる！」。そう心に刻んだはずなのに、実際のトレードになると、あなたは新聞記事を気にしたり、評論家やアナリストの意見を気にしたりするでしょう。
ここから抜けるのはなかなか大変なのです。私にはお見通しです。アハハハハッ！

ファンダメンタルズとテクニカル

株式投資に使われる分析法は大きく分けて、ファンダメンタルズ分析とテクニカル分析の2つがある。

ファンダメンタルズ分析は、企業の業績、将来性などの企業が持つ本質的な価値を分析する。

もっとも代表的なものに「株価収益率（PER）」や「株価純資産倍率（PBR）」、「株主資本利益率（ROE）」などがある。

テクニカル分析は、そういった企業の本質的価値をまったく考慮せず、過去の値動きを元に将来の株価の動きを分析する。

本書はもちろんテクニカル分析の本である。

第3章

「下落」で利益を取る

「空売り」にはふたつの使い方がある！

素人のプロ級トレード

株価が上げ下げを繰り返していることは、先にお話ししたとおりです。

これは日本株に限ったことではなく、外国株でも、ＦＸ（外国為替証拠金取引）でも、金やコーン、原油などの商品先物取引での価格の動きもまったく同じことです。

私の売買のメインは日本株とニューヨーク金です。しかし、値動きの中でより安全と思える場面では、ＦＸや商品先物取引にも「出動」します。およそ、「売り手」と「買い手」があり、この両者の売買の成立によって取引価格が決まるもので、多めの出来高（ある一定期間に取引された株の量）があれば、私の売買方式で利益を上げることができます。

株の売買では通常、安く買った株を高く売って利益を出します。

たとえば、Ａ社株を１０００株、５００円で買った。１ヵ月後に６００円に値上がりした。このタイミングで売却すれば、その差益は１株当たり１００円。１０００株保有しているので、（１株１００円の利益）×（１０００株）＝10万円の総利益となります。これが、一般的な株式売買で利益を得る方法です。この他に、配当《はいとう》を得るとか日歩《ひぶ》を受け取るとか、細かい利益を得る方法もありますが、私は100％売買益狙いで行っています。優待券などを提供する企業もあり、雑誌などでよく紹介されますが、私はまったく眼中にありません。私にとってこれらは付録《ふろく》のようなものです。

さて、私の友人で竹内さんという80歳を超える老紳士がいます。この方は、企業経営者で株に関してはまったくの素人なのですが、私から見るとプロ級のトレードに近いものを、しらずしらずのうちにされてます。どんなトレードなのかといいますと…扱う銘柄は1銘柄。ファミリーマートのみ。

もう30年近く、ファミリーマート株以外の売買をしていません。

ファミリーマート株も、上場以来上げ下げを繰り返しています。

竹内さんは、ファミマ株が下げてくると買いを入れます。そして、ある程度上昇すると売却します。株の売買が本業でない竹内さんは、売却後、ファミマ株のことは忘れてしまっています。ある時、ふと気がついて株価を確認すると、だいぶ下げています。そこでまた買いを入れます。

竹内さんは、この繰り返しで毎年、新入社員サラリーマンの年収くらいを稼いでしまっているのです。スゴいでしょう！

この件で竹内さんには、私がパーソナリティーをつとめているラジオＮＩＫＫＥＩ「相場師朗の株塾」に出演してもらう予定です。

この竹内さんのやり方は、まだまだ素人の域《いき》を出ませんが、プロの基本を含んでいます。

図1は、竹内さんのファミリーマートの売買イメージです。手仕舞《てじま》いとは、その銘柄を決済・清算して手持ちの株をゼロにし、撤収することです。あなたには、できればこの本をいったん机の上に置いて、ファミリーマート株の過去の値動きを10年分くらい確認してほしいと思います。しっかり上げ下げを繰り返しているはずです。そして、ついでに、どの銘柄でも結構ですから、同じように10年分くらいの株価の動きを確認してみてください。その株価も上げ下げを繰り返しているはずです。他の銘柄でも同じということは、ファミマ株以外でも同じことができます。図2のようなイメージですね。

これを上手にやっていくためには、いろいろな技がありますが、それについてはのちほどお話ししたいと思います。

「下落」で利益を取れるのが「空売り」

さて、ここで重要なことをお話しします。

本章の冒頭でお話しした、500円で買って600円で売却するという例は、買った株

図１（竹内さんのファミリマート株の売買イメージ）

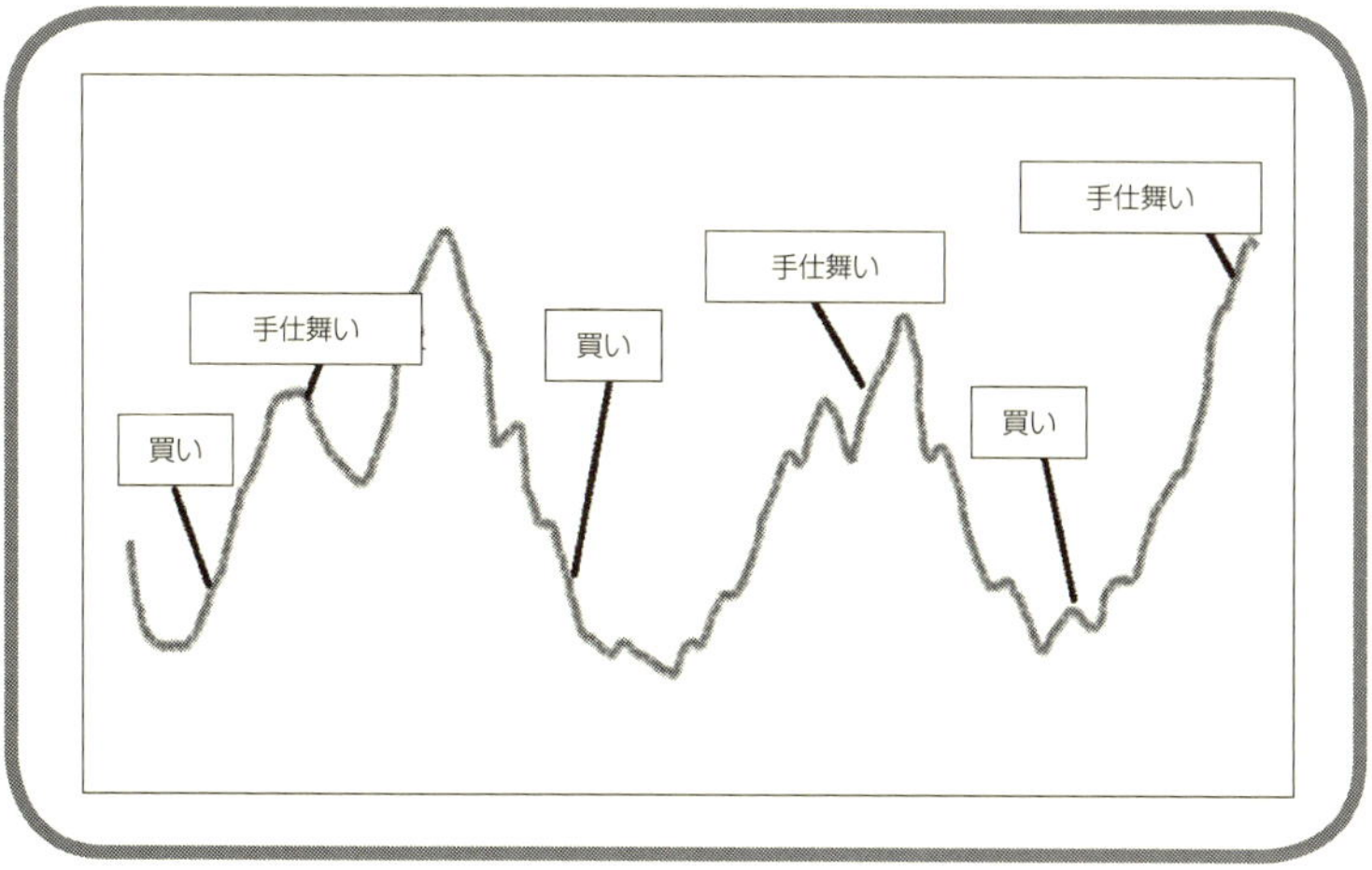

図２（竹内さんのやり方は他の銘柄にも通用する）

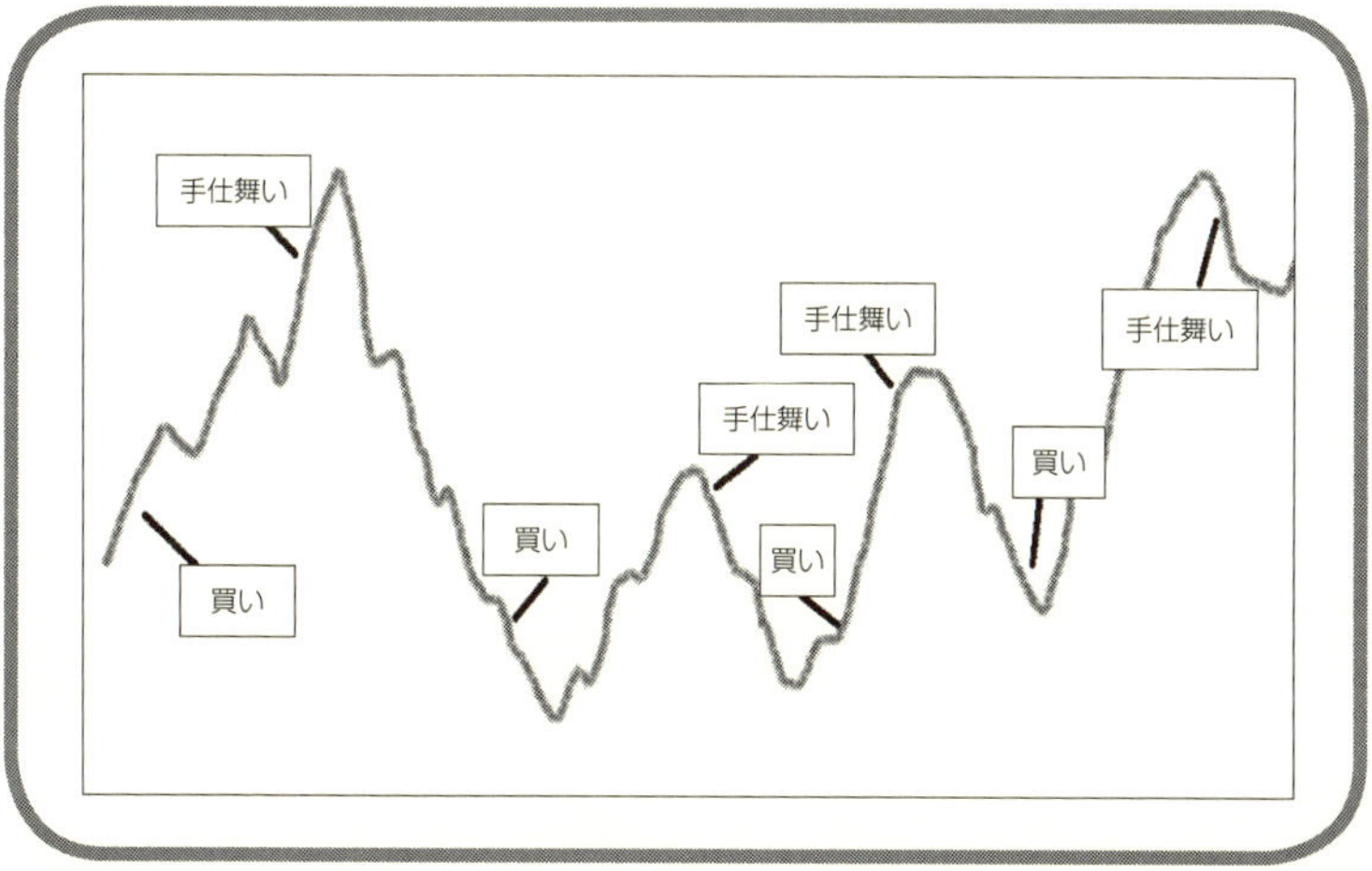

空売りの説明図

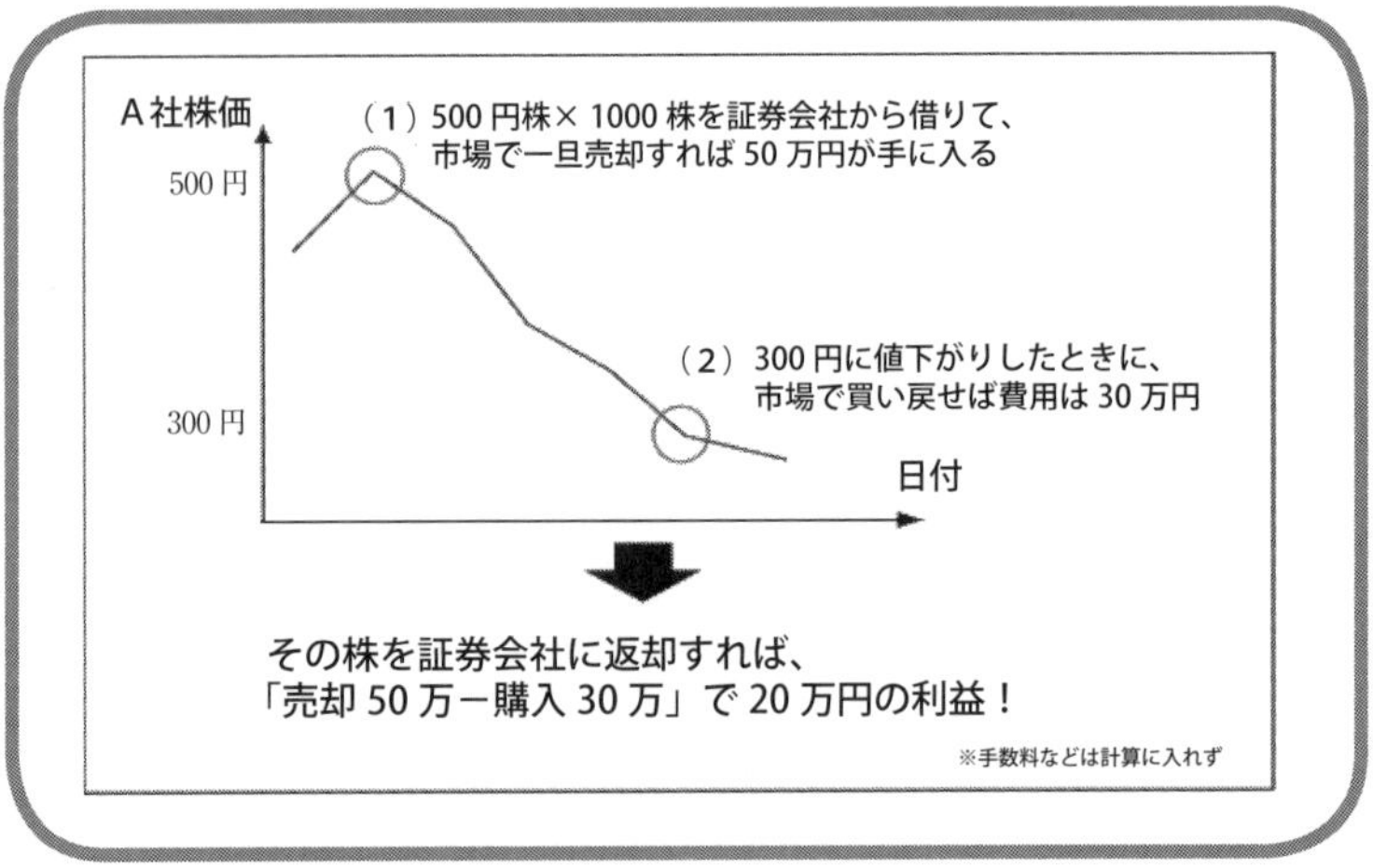

を売って利益を出す手法です。

　でもこれでは、「上げ下げ」のうち「上げ」だけでしか利益を取れていないことになります。竹内さんのファミマ株でもそうです。

　ここからは、株価の「下げ」で利益を取る「空売り」についてお話しします。

　上図を参照してください。たとえば、今５００円の株価をつけているA社株が、近い将来下がると予測したとします。

　その際、「空売り」という注文を証券会社にします。そして、予測どおり株価が下落し３００円まで下げた時に「買戻し」という注文を行います。

　ただ、これだけです。

「空売り」をして株価が下落したので、手

図3（「空売り」による利益イメージ）

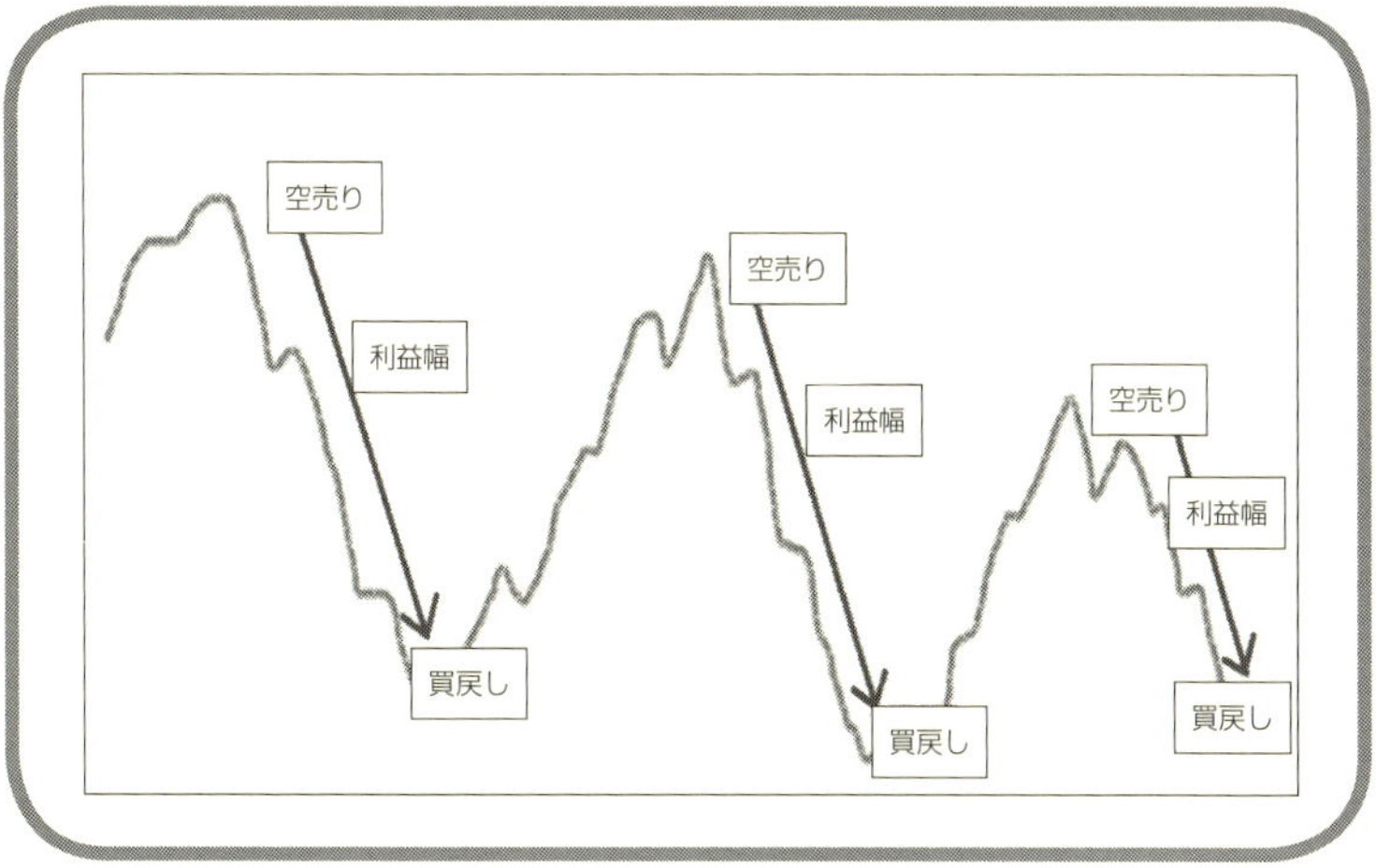

仕舞いの「買戻し」を行えば、その株価の差額が利益になります。

非常に簡単です。このイメージは図3のようになります。

ただし、株価が買値より下がった時に損失が出てしまうように、「空売り」をして株価が上がってしまうと、その分だけ損失が発生するので注意が必要です。

「買い」で株価の上昇益を取り、「空売り」で株価の下落益を取る。こうすれば、過去からずっと続いていて、今後も永久に続くであろう株価の上げ下げを利益に変えることができるのです。

2003年から2007年まで続いた「小泉バブル」では、日経平均株価が約7000

円から約1万8000円まで上昇しました。

2003年から2007年まで「買い」の持ち株を5年間持ち続けていた場合、株価は約2・5倍になります。

一方、この5年間の上げ下げの上げを取り、いったん手仕舞い、次の下げを取る。そしてまた次の上げを取る、といったことを繰り返すと、利益は2・5倍をはるかに超えます。

さらに、この5年間の「細かい」上げ下げまで取ると利益は、もっと大きなものとなります。


また、「空売り」を利用すると「塩漬け」もなくなる可能性があります。

「塩漬け」というのは、株価が買値を大きく下回っているので、やむをえずその株を保有しっぱなしにしている状態をいいます。「空売り」を保険(ヘッジ)として利用することで、この損失を防げる可能性が高くなります。


この保険としての空売りをマスターすれば、トレードの幅はとても広がります。

保険（ヘッジ）としての空売り

保険としての「空売り」とは、上げるか下げるか、難しい局面で使う手法です。

買い株を保有している状態で下落してきたけど、この下落はすぐに上昇に転じるだろうから、まだ手仕舞いたくない。

でも、このまま下落する可能性もあるから、保有し続けるのはリスキーだ。

読者の皆さんも、こんな状況で困ったことはあると思います。

この悩みを解決してみせましょう。

43ページの図4を見てください。

「空売り」を利用すると、こんなこともできるんです。

ヘッジのロールモデル

トレーダーAさんの売買図です。

下落の後の横ばいを経て、上昇すると読み、まず買い3000株を入れました。この状態を「0 - 3」（空売りの保有株数 - 買いの保有株数）と表現します。

ところが連続で6日間も上昇した後、下落を始めました。たぶん、この下げは利益確定の売りで、この売りがやむと、また上昇すると思われます。

ただし、Aさんもこの考えに100％の自信があるわけではありません。

悩ましい局面です。買い株は手仕舞いたくないが、保有し続けるのもリスキー。

ここで、空売りを使いましょう。

Aさんは、3000株の「空売り」注文を出し、どちらの株も保有しました。

ポジションは「3 - 3」です。これなら、上がっても下がっても、影響ないですね。

こうしておくことで、やがて下げが止まって上昇を始めた時に、空売りを手仕舞えば、買いだけが残ります（ポジション0 - 3）。

そして、引き続きこの買いで上昇利益を享受することができます。

もちろん、急に「0 - 3」にはしません。

上昇の確信が深まるのと比例して、図のように保険を、段階を経て手仕舞っていきます。

図4（保険【ヘッジ】としての「空売り」）

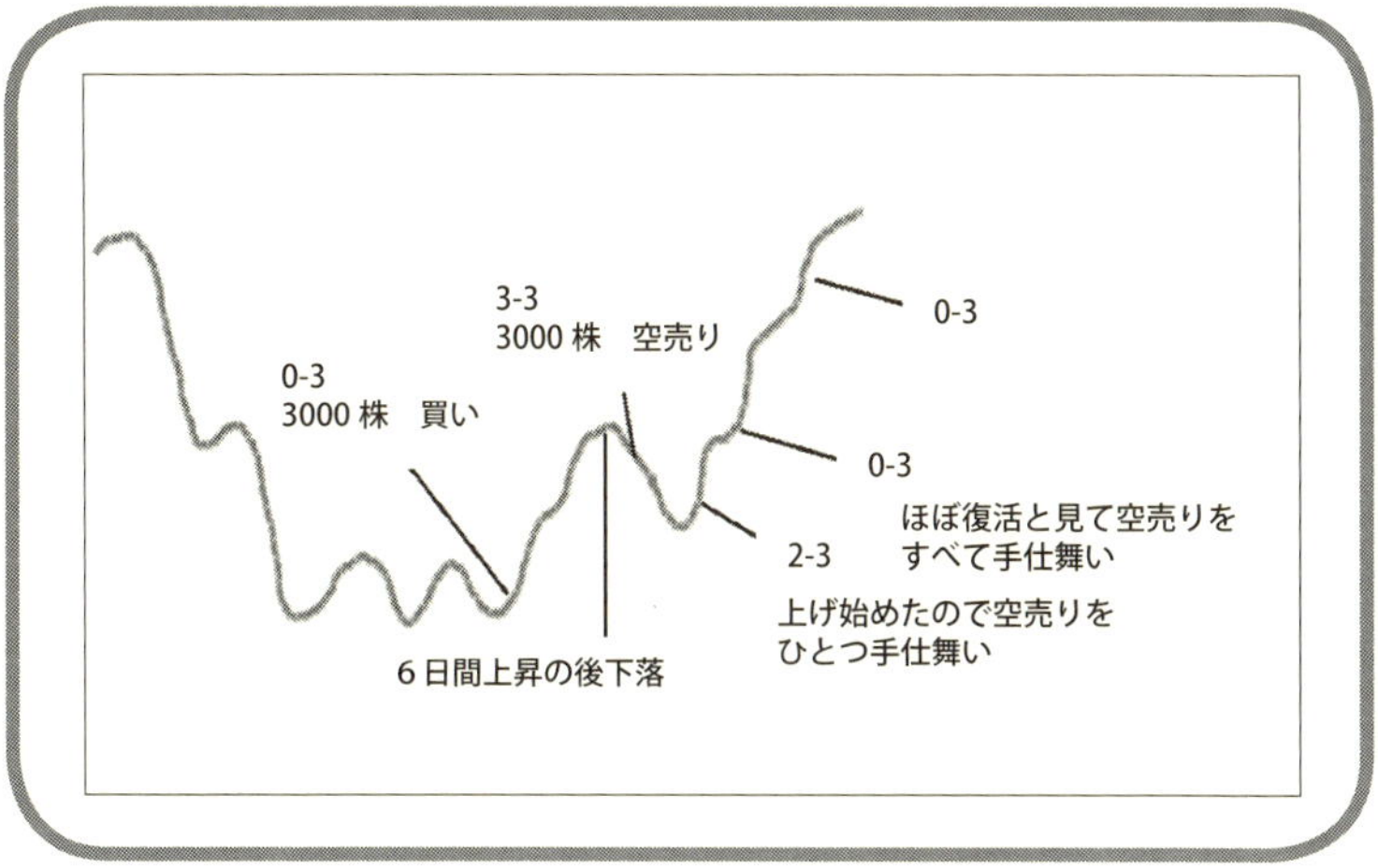

そして、また少し上昇し、「ヘッジの空売りは必要ない」と判断したところですべての空売りを買戻し、買い株のみにします（0-3）。

これが保険としての空売りの使い方です。

また、「買い株」「空売り株」の両方を保有し、その量の調整を行った一連のトレード手法を「建玉の操作」とよびます。

ちなみに図4はヘッジを説明するために、簡略的に表現したトレードです。実際のプロのトレードはもっと複雑です。たとえば、「3-3」の場面も、局面次第で「2-3」に変化します。

ところで、

「結局上がったのだから、空売りを入れる

必要はなかったのでは？」

という質問がきそうですが、それは結果論です。

自動車保険を掛《か》けておいてよかったと思う人と、結局何もなかったんだから掛けなければよかったと思う人がいるのと同じです。

ましてや、株トレードで、事故は頻繁に起こります（このまま下落してしまうこともあります）。この「建玉の操作」は正しいのです。

そして、頻繁に発生する「事故」に関しても、「建玉の操作」により「災い転じて福となす」ことができます。これがまさにプロの技の真髄なんです！

詳細はのちほどです。２０１２年のソフトバンク暴落（8章参照）は好例ですね。

「のちほど」ばかりになっていますが、まずは前提となる知識を理解していただいておかないとその領域まで進めないのです。

今は、助走期間と思ってください。

第4章

株価の動きは「予測」できる

難しい理論や計算は不要！

「節目」＋「移動平均線」は超強力

本章の目的は、あなたに株価の動きはある程度予測可能だと確信してもらうことです。論より証拠。いくつかのチャートを見ていただきましょう。

まず、チャート④‐1を見てください。とにかく、あなたがこの銘柄を売買して利益をあげるために、「お！　これは！」と思えることを、このチャートの中から見つけることが大事です。いつもそんな気持ちで、チャートを見るように心がけてください。

では、私が気づいたⅠ、Ⅱの2点をお話ししましょう。

Ⅰ　一番下の線（300日移動平均線）、右肩上がりにほぼ直線で伸びているこの線の近辺で起きていることが気になります。2006年6月と7月、そして11月のところです。②、④、⑦の大きな◯で囲ったところ、下落してきた株価がこの線の近辺で下げ止まっています。これは、利益を上げるために使える！

Ⅱ　もうひとつ、「節目」に大いに興味をそそられます。右側に株価の表示がありますが、これが500円おきになっています。この場合はチャートの作成者が目盛りを500円おきにしたのですが、1000円おきにも、2000円おきにもできます。いい区切りの株価のところ、これが「節目」です。

チャート④-1（日経平均株価　2006年・日足）

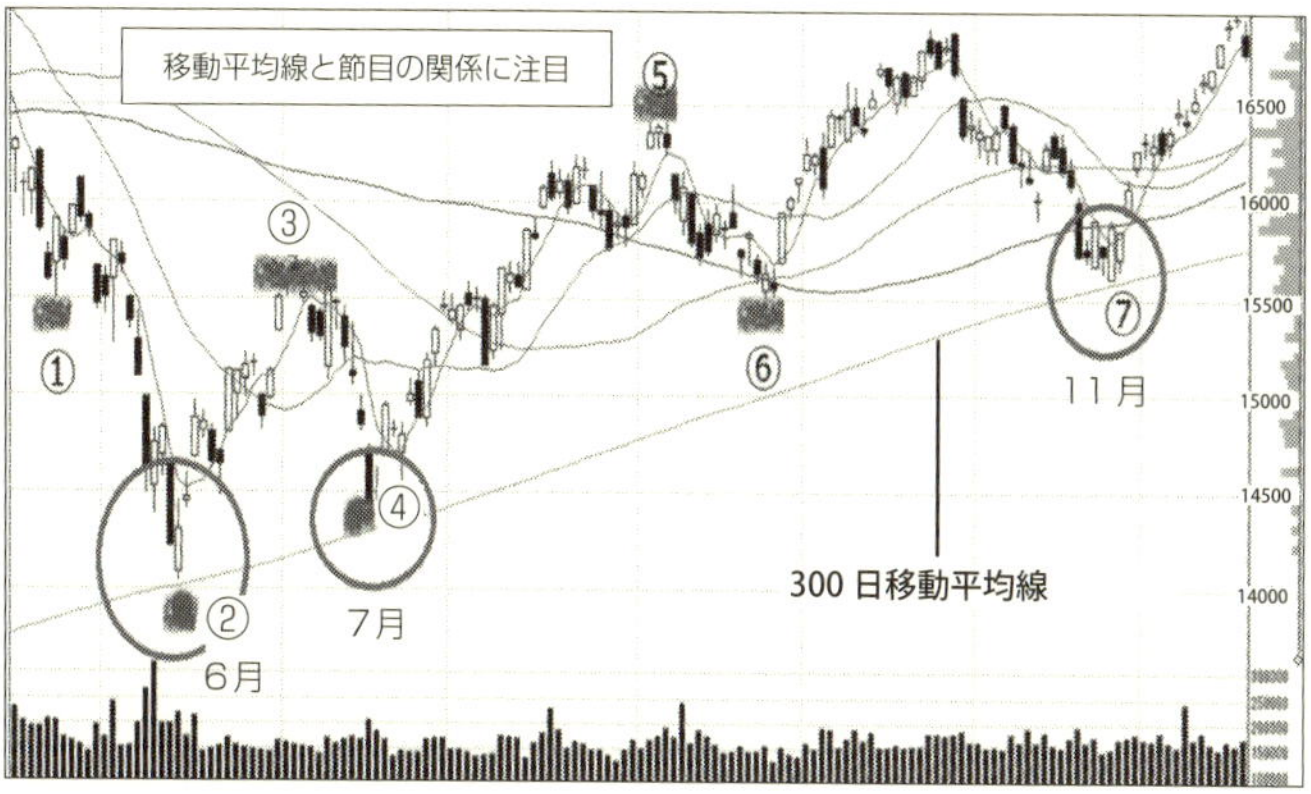

この銘柄では、上昇（下落）していったときに、いったん上昇（下落）が止まるところが「節目」近辺になっています。そして、「底」に目を向けてみるとこれもまた「節目」近辺になってることがわかります。①～⑦まですべてそうです。

①は、1万5500円で下げ止まり。②は、1万4000円で下げ止まったところで、かつ300日線近辺。③は、1万5500円で上げ止まり。④は、1万4500円で下げ止まり。⑤は、1万6500円での上げ止まり。⑥は、1万5500円で下げ止まり。

⑦は、1万5500円より少し上ですが、300日線接近で下げ止まっています。

「節目」+「300日移動平均線」の組み合わせは、かなり強力ですね！

チャート④ -2（9766 コナミＨＤ　2016/1 ～ 2016/2・日足）

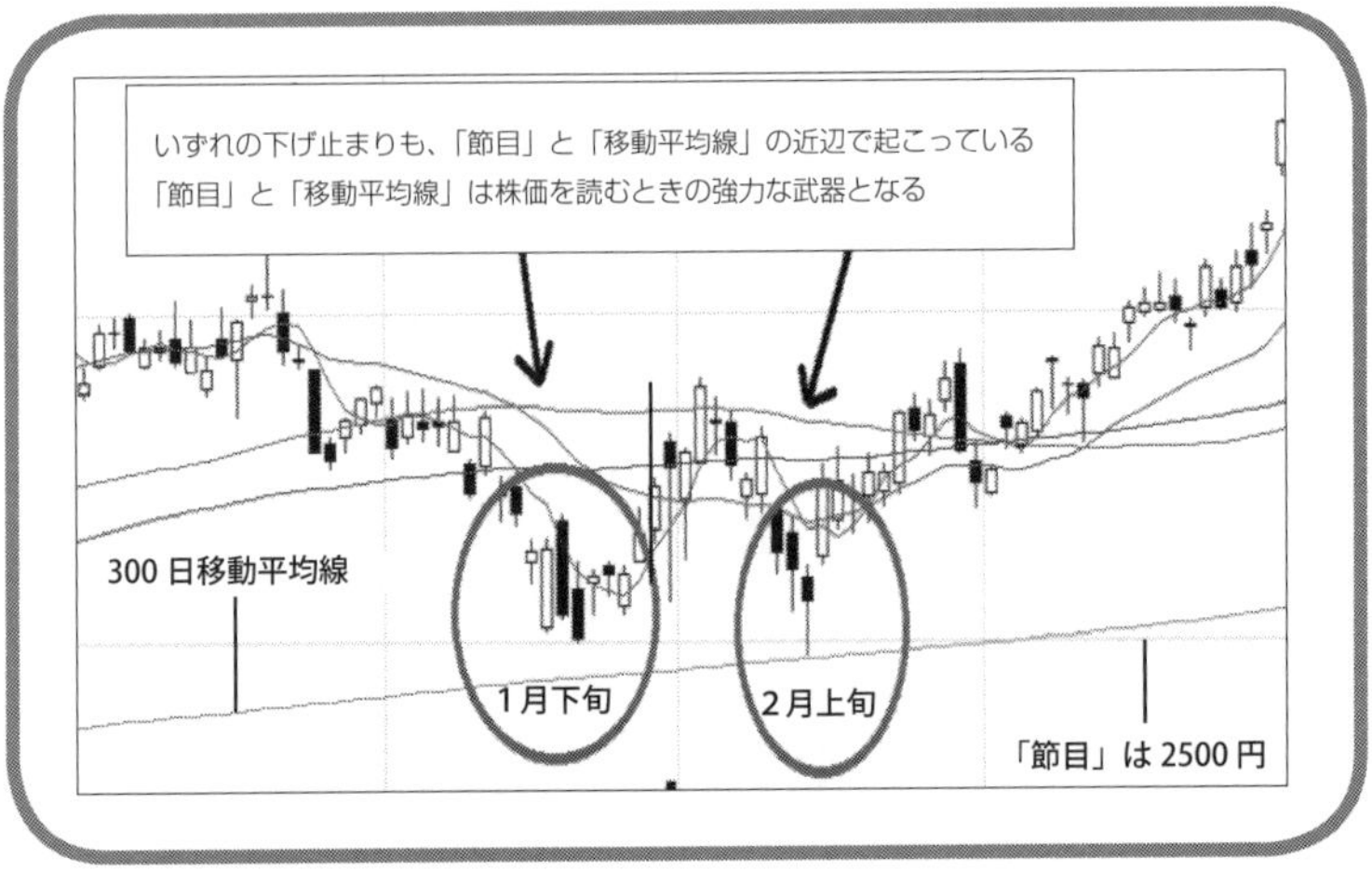

いずれの下げ止まりも、「節目」と「移動平均線」の近辺で起こっている
「節目」と「移動平均線」は株価を読むときの強力な武器となる
300 日移動平均線
1月下旬
2月上旬
「節目」は 2500 円

ここまでくると、相当信頼性が高まってきますね！

「本当だ！」、「相場師朗は本物かもしれない気が少ししてきた」と思ってくれたら幸いです。

チャート④-2を見てください。

よーく見てください。左側の○は株価がいくらのところで下げ止まっていますか？　そして、右側は？

両方とも節目の2500円で下げ止まっていますね。

そして、右側の○の2016年2月に関しては下ヒゲが300日移動平均線にドンピシャで接してバッチリ下げ止まっています。

まるで東京証券取引所と移動平均線とローソク足の下ヒゲが事前打ち合わせをしていたようです。

移動平均線とは

ここで移動平均線を少し説明しましょう。
移動平均線は、一定期間の株価の終値の平均値を表します。
本書チャートの折れ線グラフは、すべてこの「移動平均線」を表します。
5日移動平均線なら、直近5日間の終値の合計を5で割ります。
たとえば、○月5日の移動平均線なら、以下のように計算します。

「○月5日株価の終値 ＋○月4日の株価の終値＋○月3日株価の終値＋○月2日株価の終値＋○月1日株価の終値」÷5

本書ではこの、○○日移動平均線という言葉がよく出てくるので、以降○○日線と略して使います。300日移動平均線なら、300日線といった要領です。

何本の移動平均線を使うかは、チャートを作る会社によって異なりますが、本書では、5日線、20日線、60日線、100日線、300日線の5本を使います。

チャート④-3 (9437NTTドコモ　2014/4/7～2014/11/12・日足)

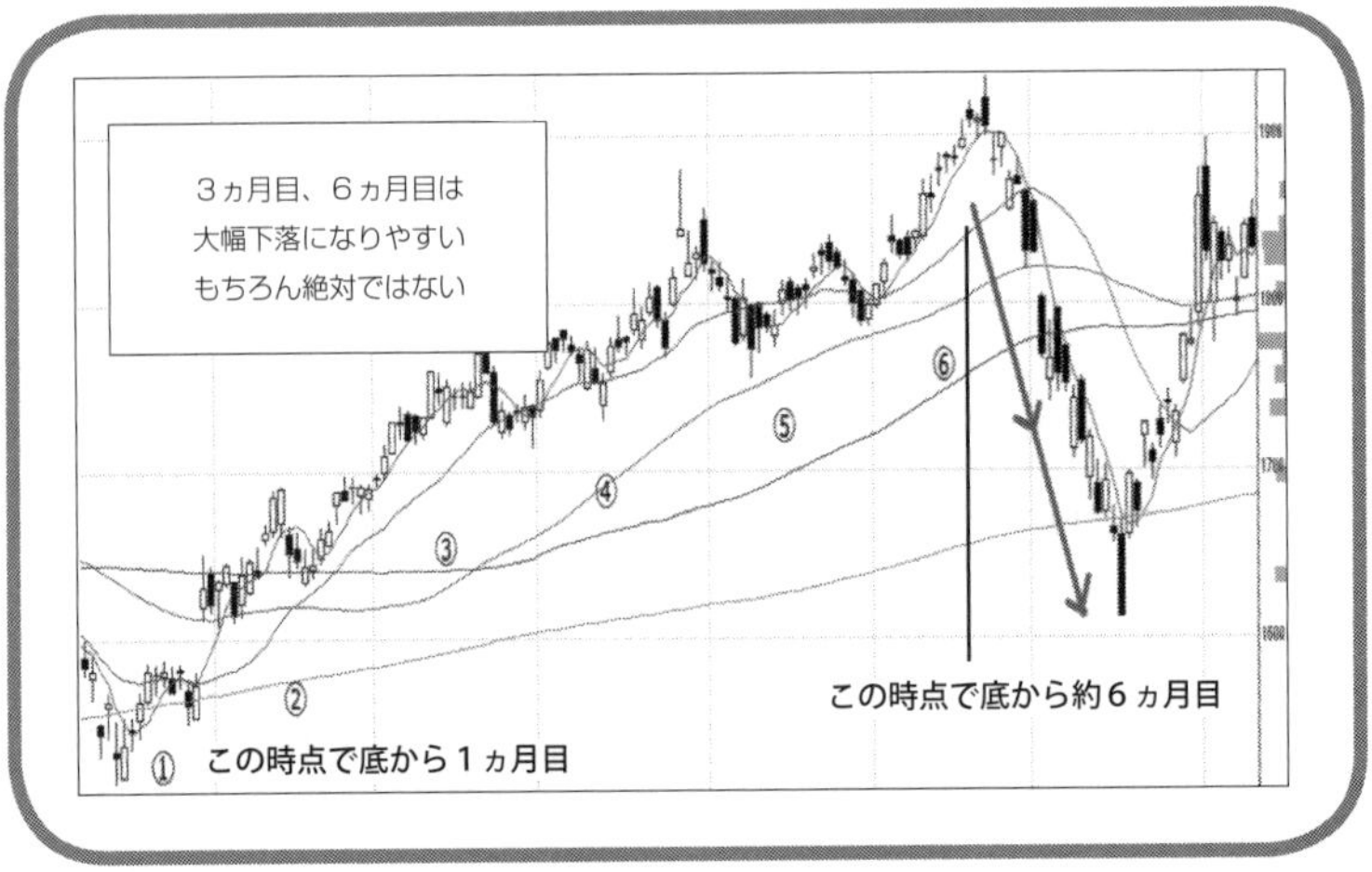
3ヵ月目、6ヵ月目は
大幅下落になりやすい
もちろん絶対ではない
① この時点で底から1ヵ月目
②
③
④
⑤
⑥
この時点で底から約6ヵ月目

「日柄」も武器になる

さて、株価の予測法に戻ります。

チャート④-3を見てください。

図の①～⑥は経過期間を表しています。

①は、「底」を含む月です（以降、直近の底を含む月を1ヵ月目と定義する）。

②は、底の月から数えて1ヵ月経過した月です。こうして数えていくと、⑥つまり底を含んだ月から6ヵ月目近辺で大幅下落のスタートに差しかかっています。

実は、いろいろな銘柄の過去の大きめの下落は、途中の上げ下げはあっても約6ヵ月目あたりに発生していることがわかります。これはかなりの確率です！

同じように3ヵ月目を経過した後も、大幅下落が発生することがよくあります。このように「上昇・下落のターニングポイントになる日にち的な目安」を相場用語《そうば》で「日柄《ひがら》」といいます。

もちろん、「はい！　3ヵ月目、6ヵ月目。そろそろ下落です！」というものではありません。それは素人考えです。これでは利益を出すことはできません。株価の動きは機械的ではないからです。

プロはこう考えます。考え方を学んでください。

「上昇してきて、そろそろ3ヵ月（あるいは6ヵ月）目だな。そういえばボラティリティ（株価の動き）が激しくなってきたな！　5日線を割り込んでは戻る回数が増えてきたな。今まで陽線が4日くらい出ると陰線になっていたけれど、最近は陽線と陰線が交互に出るようになって、昨日と今日は3ヵ月ぶりの2日連続陰線だ。今度か次の上げの後にドカ〜ンと下げるかな」

どうでしょう。この読み！　この「　」内にはプロのエキスが詰まっています。

3ヵ月目の「日柄」

さて、これはいかがでしょうか？　チャート④-4を見てください。

前チャートと同じように、①から②の間で1ヵ月間と考えてください。③の月に底を迎えていますから日柄3ヵ月目で底を打ったわけです。正確には下落を始めたのは①より1カ月前ですが、先ほどお話ししたように誤差はありますし、あくまで目安なので問題はありません。③の月に底を迎えていますから日柄3カ月目で底を打ったわけです。上昇だけでなく下落の場合も3カ月目・6カ月目という日柄が役に立つことがわかります

そして、このチャートでは後が本題です。

記入してある矢印の先を見てください。3ヵ月の下げの中でいったん上昇に向かいますが、最初の2本の矢印の辺りではふたたび下落に転換しています。そして、3本目の矢印のところで下落期間約3ヵ月目を迎え上昇に転じています。

この動きは、非常に多くの銘柄で頻繁に起きる現象です。この動きを最初に想定して探りながらトレードをすれば、かなりよい成績があげられると思いませんか。

ここでは、下落中何度か20日線に触れるか、やや越えて、また下落することを繰り返し、20日線に触れる回数が増えるごとに上昇へ近づいていく。

このことを理解していただければと思います。

本章では「株価の動きはある程度決まっている」というテーマでお話ししてきました。

チャート④-4（9449 GMO インターネット　2014/7/7～2014/12/1・日足）

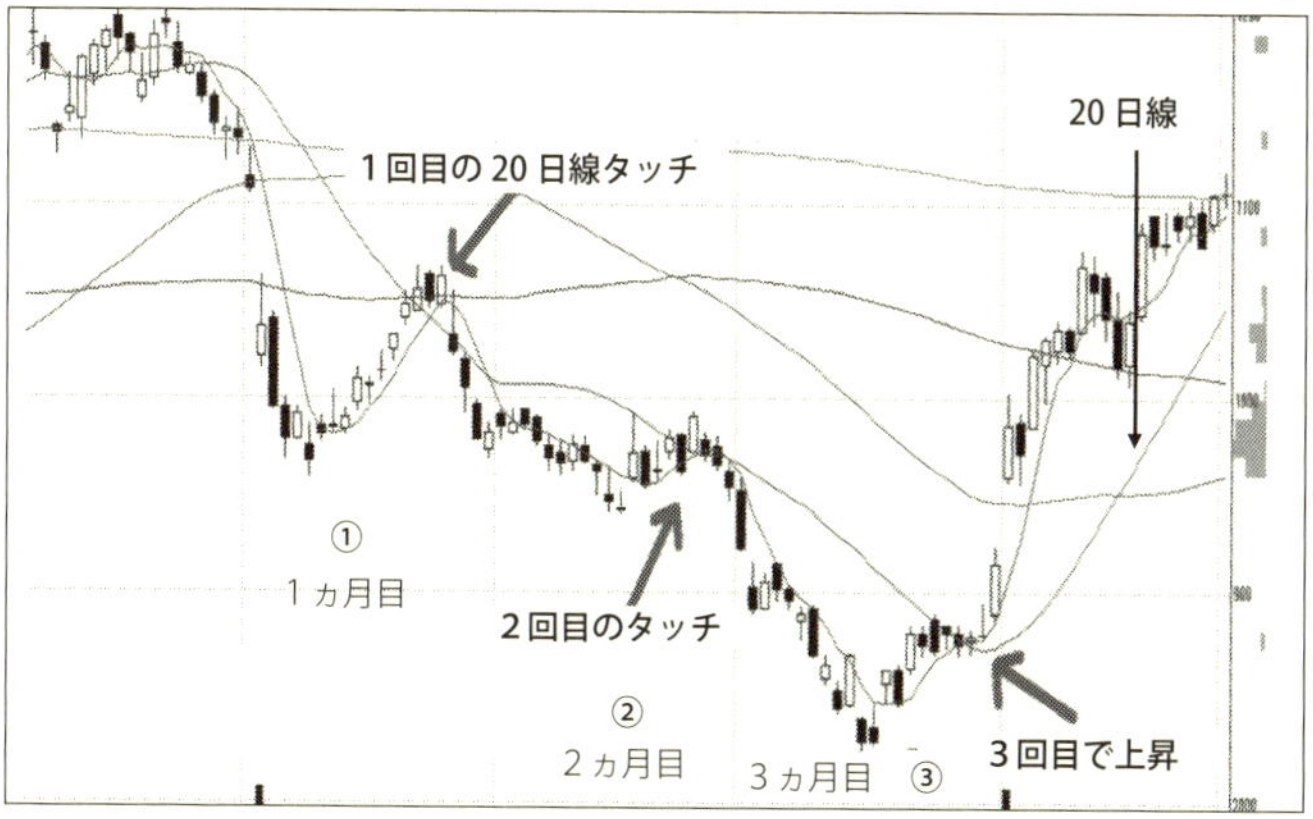

このことを「証明」する株価の特徴的な動きは、ここでお話しした以外にもたくさんあります。

それらについては、後の章で一番重要な「技術」である「建玉の操作」とともに詳しくお話しする予定です。

最後に、非常に大事なことをお話ししておかなければなりません。

それは、これらのことを知っているだけでは、利益にはつながらないということです。

『「知っていること」と「できること」は違う！』

非常に重要な認識です。このことを心に刻んで次章に進んでください。

移動平均線とは

日足が、1日の株価の動きを読み取るのに対して、移動平均線は、大まかな株価の動きを表す。

本書で使う移動平均線は5本。

5日線は1週間、20日線は約1ヵ月間、60日は約3ヵ月間を表す（土・日・祝日、年末年始などは取引所が休みなので、取引ができない）。

100日線は約5ヵ月間（約20週）を表し、300日線は約60週を表す。

日足チャート以外に、週足《しゅうあし》チャート、月足《つきあし》チャートを使うと「株価の流れ」がより立体的にわかるが、日足チャートのままで、週足も月足も同時に見ることができるように考え出したのが100日線と300日線になる。

第5章

相場流投資の二大要諦

「株価の流れ」を読む＋「建玉の操作」

要諦1：「株価の流れ」を読め！

ここからは、いよいよ深いところに入っていきます。

4章までで、株価は上げ下げを繰り返しており、しかも、その動きはまったく予測がつかないものではなく、ある程度予測のつくものであることを、理解していただきました。

そして、チャートとは、ニューヨーク株式の動きや外国為替の動き、国内外の政治情勢、その会社の業績、その他諸々《もろもろ》のすべてのこと、本当にすべてのことを含んだ究極のアウトプットであることも確認しました。


このことは、個人投資家であるあなたにとって朗報です！

今まで株を売り買いするときに、いろいろ考えていた諸々のことは考えず、ひたすら株価の動きだけを観察して、次に起こるであろう株価の上昇を予測し、「買い」を入れる。

そして、次に起こるであろう株価の下落を予測し、「空売り」を入れる。

こういう理想の売り買いが、できるようになるわけですから。


本章では、ふたつの要諦《ようてい》をご理解ください。

このふたつは、安定的な利益をあげ続けていくために絶対に必要です。

さて、そのひとつ目です。

それは、「株価の流れを読めるようになれ！」ということです。

これを読めるようになると、「もうしばらく上昇すると、少しずつ株価の上昇の勢いが弱って下げ始めるから、空売りを仕込んでいこう」とか、「今下げているけれど、もう少しで下げ止まるから、今から少しずつ買いを仕込んでおこう」ということができるようになります。

株価形成は「美人投票」

ここで問題です。

通常の市場で、株価が上昇するために絶対に必要なことは何でしょうか？

まずは自分で考えて、すぐに読み進めてしまわないようにしてください。

答えは出せなくても、立ち止まって考えることのできる人が上手になる人です。

さて、答えです。

株価が上昇するためには、株を「売る人」よりも「買う人」が多くなければいけません。

厳密にいうと市場で売られる株数よりも、買われる株数が多い、ということですがここでは「売る人の数」「買う人の数」という表現をとりました。

株を売る人よりも買う人の方が多いから、株価は上がるのです！

どんなに業績がよくても、すばらしい新商品が出ても、その会社の株を買おうという人が売ろうという人の数を超えてこなければ、株価は上昇することができません。

逆に、どんなに悪材料が出ようとも、その会社の株を買おうという人が、売ろうという人の数を超えてくれれば、株価は上がってしまいます。

株価の形成は「美人投票」（美人コンテストにおいて、自分が美人と思う人ではなく票が集まりそうな人に投票する集団心理）なんです！

この説明は、株の素人の方でもすんなりと理解できるものだと思います。

ある会社が悪材料を発表しました。

ところが、株価は下がるどころか大きく上昇しました。ネットの記事を見ると、記者が「悪材料出し切りで上昇」と書いています。

また別の日、別の会社が悪材料を発表しました。「出し切りで上昇」ならば、株価は上がると思い買いを入れてみると、今度は大幅に下げてしまいました。ネットの記事を見ると、「悪材料嫌気で下落」と出ています。

同じ悪い材料でもそれをプラスにとるか、マイナスにとるかは、株を売買する投資家の考え方次第。

しかも、その投資家たちの考えも皆一様ではないのです。

結局、買いを入れる投資家の数と売る投資家の数、その数の多いほうに株価は動く。それだけなのです。

株価の動きの基本形

次のお話です。

60ページの図5を見てください。買う人の数と売る人の数で、買う人の数のほうが多かったある会社の株価です。しばらく上昇すると、今度はその上昇の勢いが止まり、横ばいに

図５（短期・中期・長期問わず株価はこの形をとりやすい）

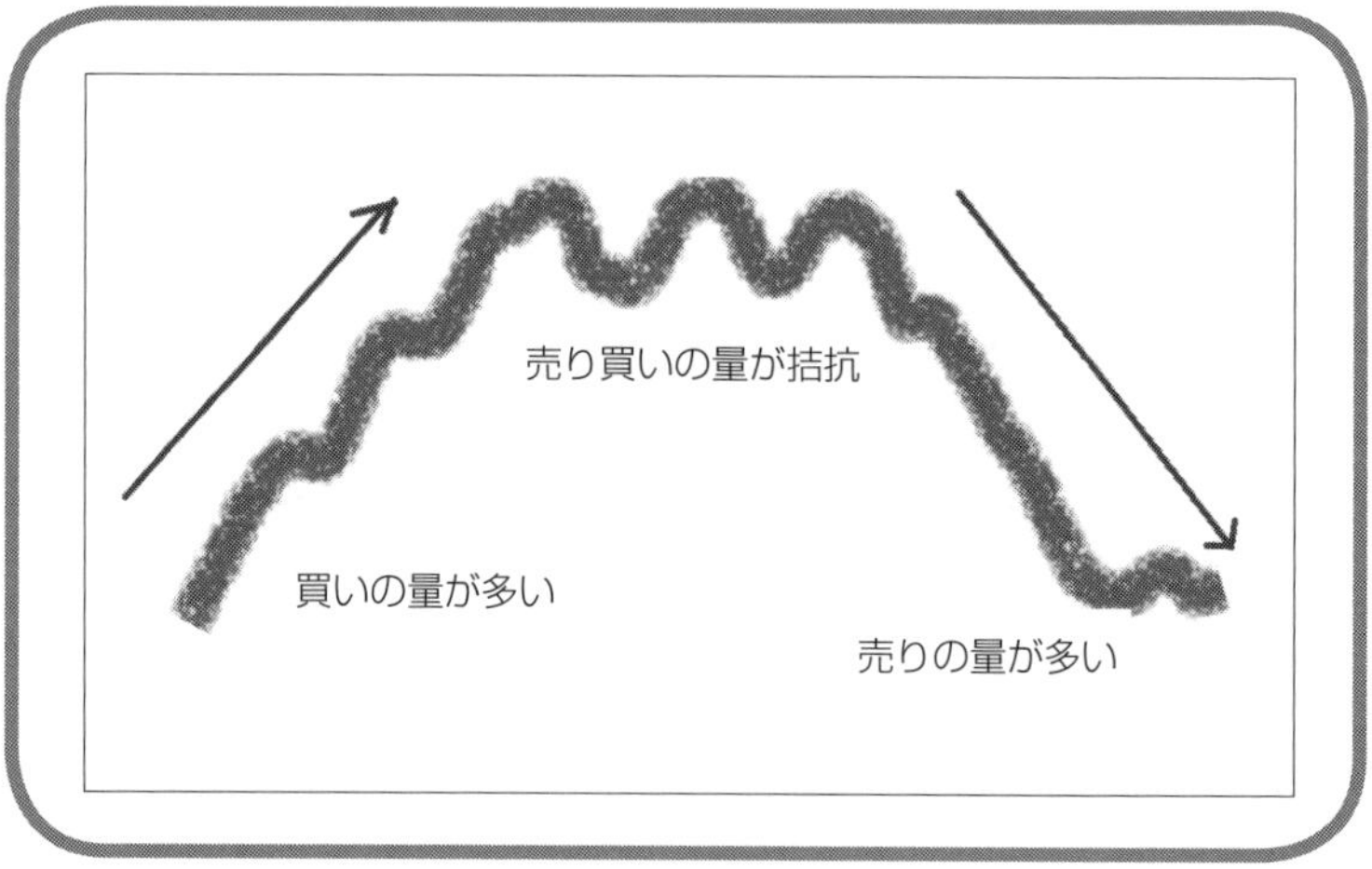

なってきます。

これは、どういう現象なのでしょうか？

もう、おわかりですね。大勢の人に買われた結果、買おうと思っていた人が買い終わってしまい、新たに買いを入れる人の数が減ってきている。そして、この後に起こることは、売る人の数のほうが増えていって、やがて、株価は下落に転じていくということです。

この図５の形は非常に重要です。

出来高がそれなりにある銘柄なら、短期でも中期でも長期でも株価の動きはこの形をとります。

買う人の数が、売る人より多いから上昇する。やがて、買う人と売る人の数が近づいてきて、拮抗《きっこう》してくる。

そして、今度は売る人の数が、買う人の数より増えて、下落するからです。

チャート⑤-1（9404 日本テレビHD　2014/4/9～2014/11/14・日足）

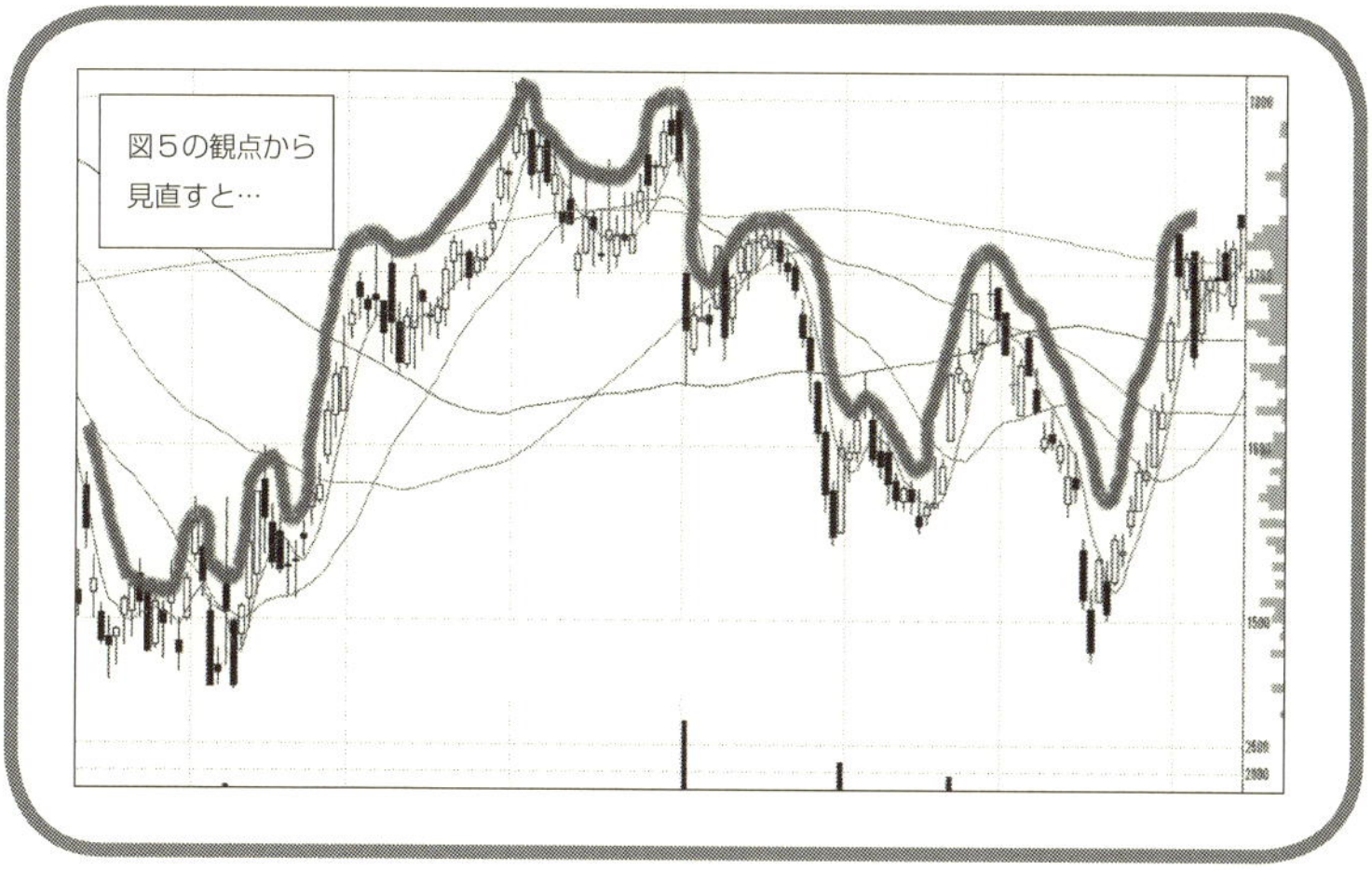

もちろん拮抗して並行を保つ時期は、株価が下がった後でも起こります。そして買いの量が多くなると上昇します。その場合、図5の台形をひっくり返した形になりますね。

さて、ここでチャート⑤-1を見てください。

日足に沿ってクレヨンで線を描いてみました。規則正しいわけではありませんが、株価は上げ下げを繰り返しています。

このチャートを図5の観点から見直したのが、63ページのチャート⑤-2です。

売りの数が多く下げている部分をA、売り買い拮抗しているところ（横ばい）をBとしました。

そして、買いの数が多いため上昇している部分にCと記入しました。

チャート⑤-2の8ヵ月間はA→B→Cの繰り返しで構成されています。図5の台形をひっくり返した形が連続で出現しています。驚きですね！

今度はチャート⑤-3を見てください。

このチャートは、チャート⑤-1、⑤-2と同じチャートです。

チャート⑤-2は、小さなA-B-Cの繰り返しでしたが、もう少しマクロ的に見てみましょう。

基本形を流れの「読み」に利用する

すると、チャートの中に、大きな図5が現れました。

これは、東京証券取引所に上場しているほとんどの銘柄にいえることです。

ただし、出来高が少ない銘柄はこのようになりません。

長くなりましたが、以上、要諦のひとつ目、「株価の流れを読めるようになれ！」でした。

チャート⑤ -2（チャート⑤ - 1を図5のイメージで見直した図）

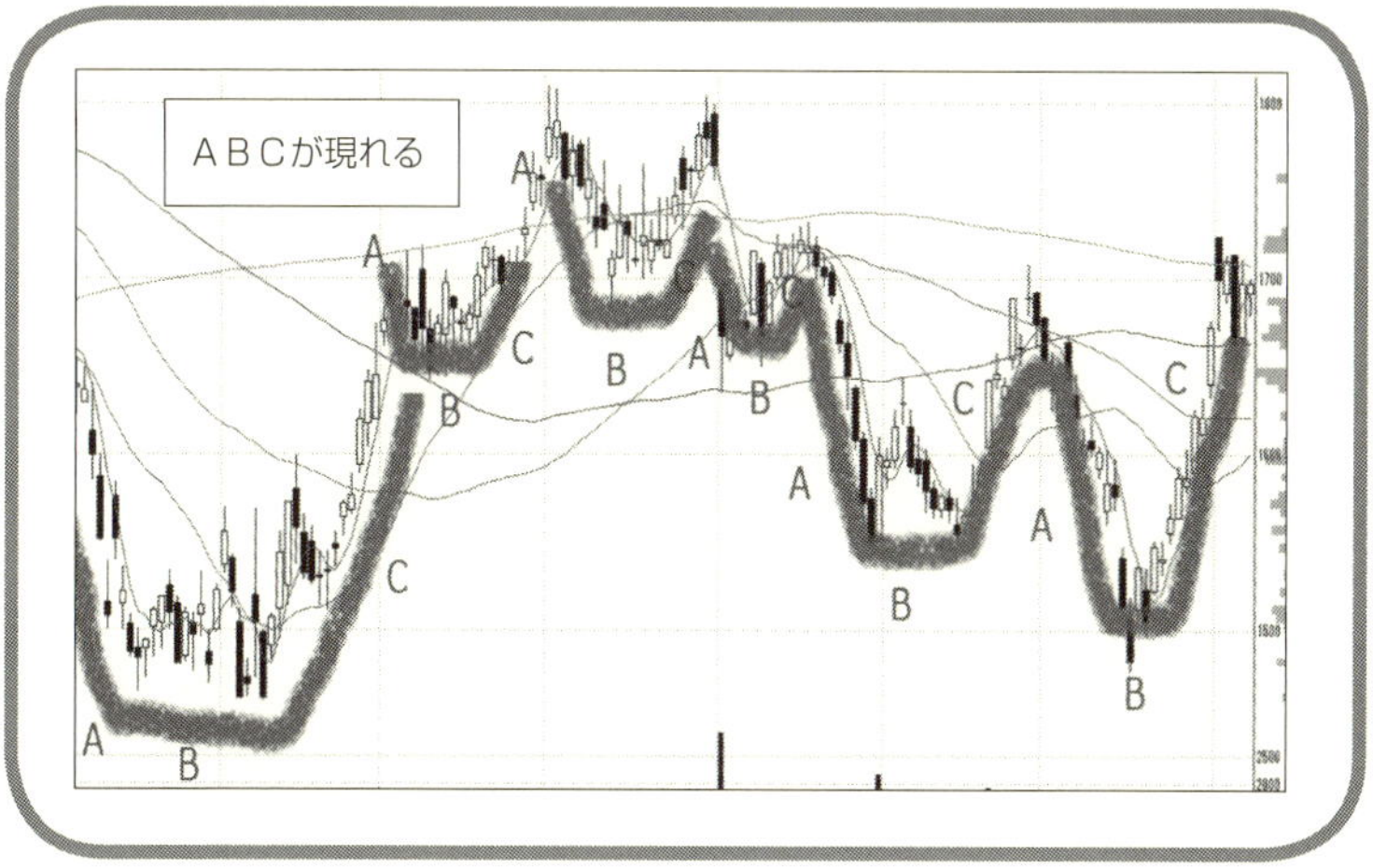

チャート⑤ -3（さらに見方を変えると大きな図5が現れる）

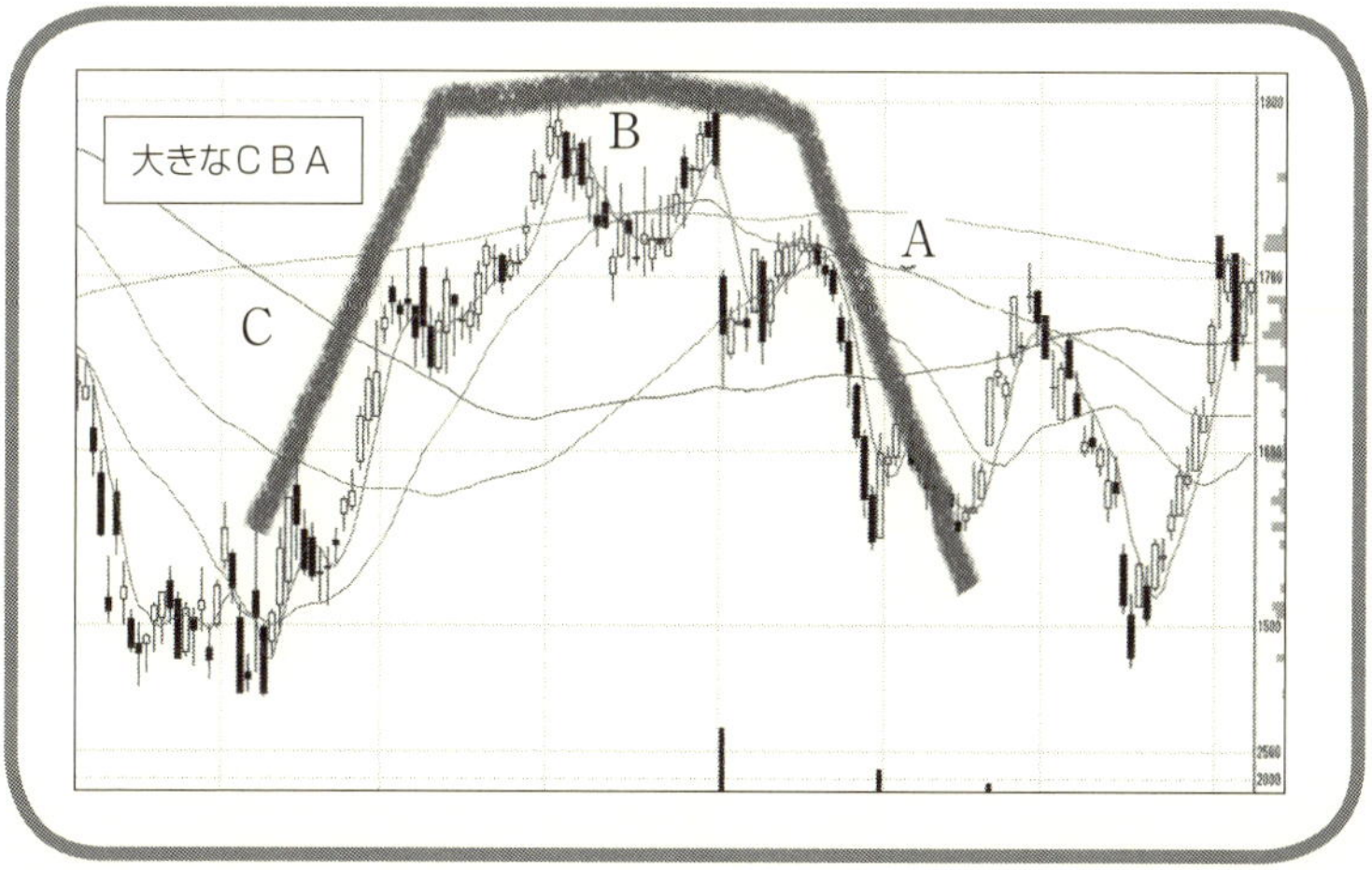

ここまでお話ししたように、株価の動きは図5が基本形であることがわかると、その流れを読むことは非常にやりやすくなってきます。

流れを読めると、トレードは非常にやりやすくなります。皆さん、頑張りましょう。

要諦2：究めろ！　建玉の操作

先ほどお話しした「株価の流れ」を予測できれば、利益を得やすくなるということは、多くの方が納得できると思います。

しかし、実際にトレードを行うとわかりますが、それだけで勝ち続けることは難しいのです。予測はあくまで予測。１００％そのとおりに動くとは限らないからです。

それなのに、株の本でよくある「一発買い」「一発売り」のトレード法は私からすると、ギャンブルの域を出ていません。少なくともプロ級のトレードとはいえません。

この「一発買い」「一発売り」の対極にあるのが、ふたつ目の要諦「建玉の操作」です。「建玉の操作」とは、43ページでお話ししたように、買い株と空売り株の両方を保有し、局面に応じて、その量を調整することです。複数回の売り買いを行って、トレードを勝ちにもっていく、一連の売り買いを指します。

この「複数回の売り買い」をうまく行えば、予測の誤差をカバーすることが可能なのです。

ここで、よくある素人トレードを紹介しましょう。

たとえば、だいぶ下げてきて、上げ始めたので1株1000円の銘柄を1000株買ったとします。その後、2日間上昇して下落を始めました。この場合、どうしたらいいでしょうか？

「損切り」の落とし穴

いろいろな投資本に、「損切りは投資の極意」などと書いてあります。

でも、これは違います。

100万円の投資で5％の下落で損切りをしました。5万円の損失です。

その、5万円を補って、100万円でスタート、また5％で損切り、また補って、5％で損切り…。

というように、この損切りを20回もすると、あっというまに開始資金の100万円を失ってしまいます。

また、5％下落した後、ふたたび上昇を始めたとしても、損切りをしてしまっていてはどうしようもありません。

これは、とても賢い戦い方とはいえません。


では、損切り以外の方法としては何か有効な方法は、あるでしょうか？


このまま保有して上昇を待つ、という方法もあります。

でも、これは上げると思って買ったら下げてしまったので、仕方なくそのまま保有する、という行動です。「塩漬け」（40ページ参照）ですね。これは、「勝ちにいく戦い方」とはとてもいえません。

たとえ、この後株価が上昇して利益になったとしても、結果オーライなだけです。

何かもうひとつ、勝ちにもっていく方法が必要になってきます。

「上昇が確実になってから、多めに買う」の落とし穴

次の例で、もうひとつ考えてみましょう。

「だいぶ下げてきて、上昇を始めたので1000株買った。その翌日も翌々日も上昇し

図６（上昇が確実になっても、上昇が続くとは限らない）

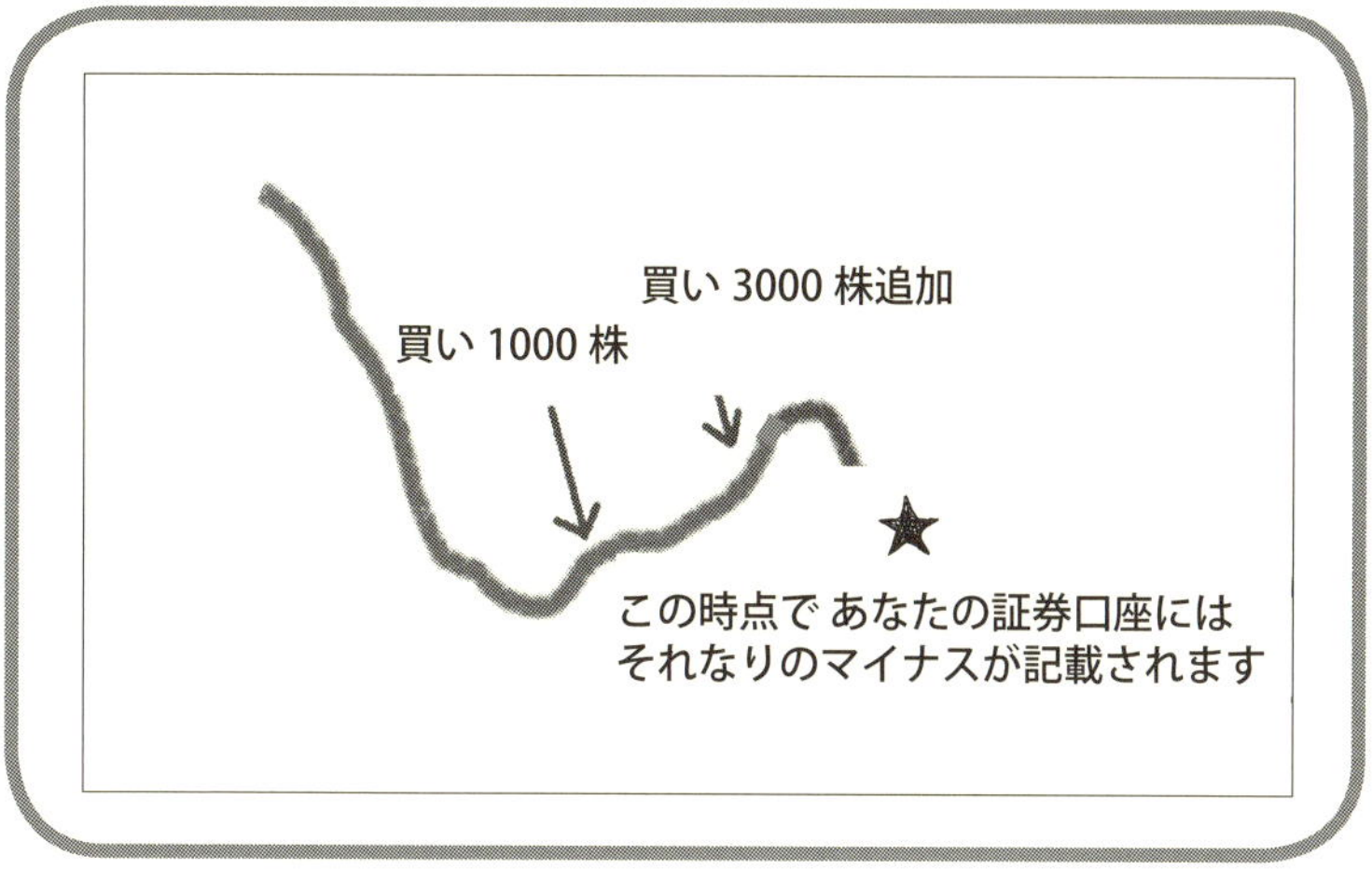
買い 3000 株追加
買い 1000 株
この時点で あなたの証券口座には
それなりのマイナスが記載されます

て、まだ上げそうだ。今度は自信があるので追加で３０００株買った。合計の保有株数は４０００株になった」

よくあるトレードで、投資本にもよく出てきます。

「上昇が確実になってから、多めに買うのが極意！」などと書いてあります。

確かに一理ありますが、これを続けていくと、思ったほど利益にならないばかりか、マイナスになってしまうことすらあります。

図６を見てください。最初に１０００株買って、そこからもっと高いところで３倍の株数である３０００株を買いました。

その後、図の★印のところまで下げただけで、あなたの証券口座の一覧表には、それなりのマイナスが表示されてしまいます。

４０００株のうち３０００株は、株価がよ

り高いところで買っているので、4000株の買い付け額平均は高くなってしまいます。

この後さらに下げてしまえば、マイナスはさらに膨らんでしまいます。

「損切り」もダメ、「上昇が始まってから、多めに買う」もダメ。

さて、どうしたものか…。

困ったときはヘッジの空売り

大丈夫！　ここまでお話ししてきた弊害を取り除く方法があるのです。

図7を見てください。
①は、下落してきて上昇の雰囲気が出てきたので、買いを入れたところです。
ポジションというのは、今保有している株数の比率でしたね。

買いを1000株なので、ポジション0‐1になります。

上昇すると思って買ったのですが、再度下落し横線（前回の安値）を割り込んでしまいました。

ただ、近い将来上昇すると考えて、買いは手仕舞いせず、保有したい。

この場合、どうするか？　このまま下落する可能性もあるのですから、ただ保有するのは非常にリスキーですね。

図7（保険としての空売りの例）

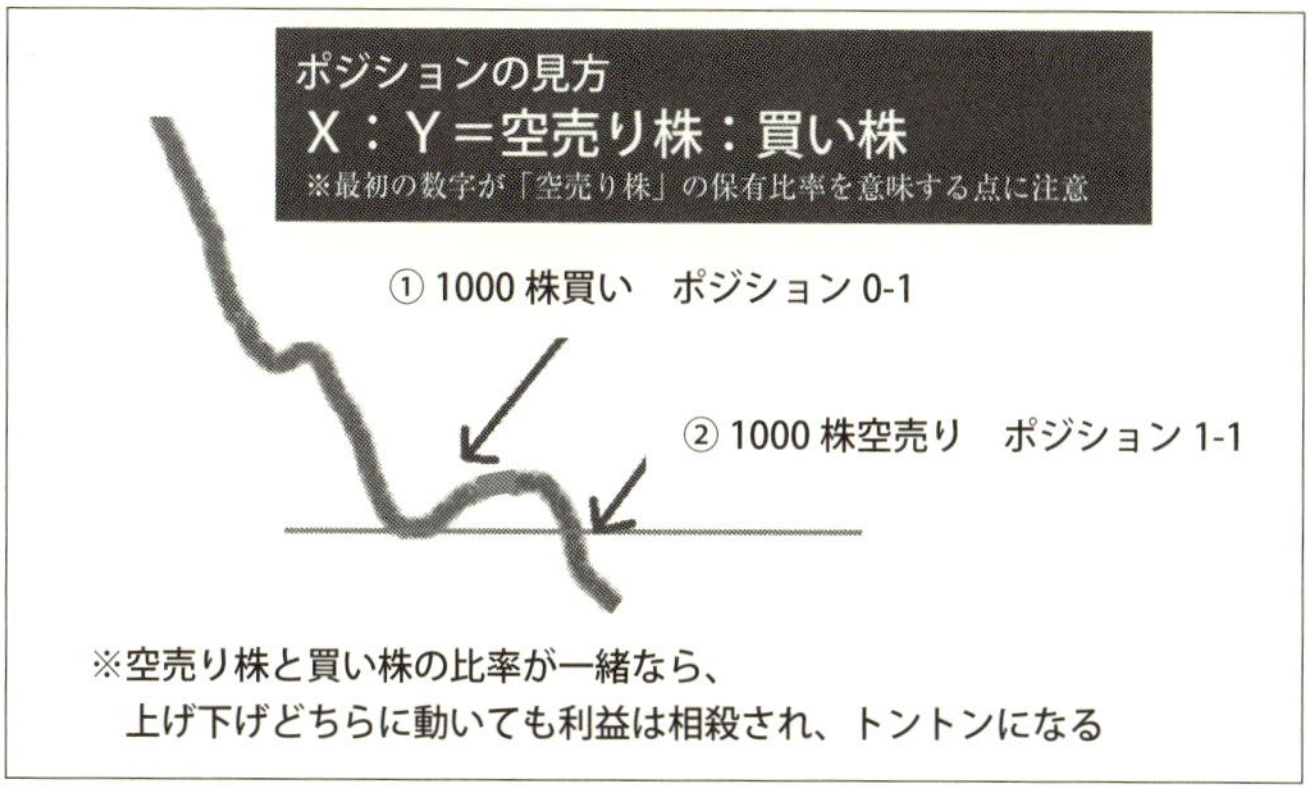
ポジションの見方
X：Y＝空売り株：買い株
※最初の数字が「空売り株」の保有比率を意味する点に注意
① 1000株買い　ポジション0-1
② 1000株空売り　ポジション1-1
※空売り株と買い株の比率が一緒なら、
上げ下げどちらに動いても利益は相殺され、トントンになる

こういう時こそ、「建玉の操作」です。

②で、空売りを1000株入れましょう。これでポジションは1－1（空売り1000株、買い1000株保有）となりました。上昇・下落どちらに動いても大丈夫です。どうですか。なかなかよい対応だと思いませんか。

この空売りが41ページで紹介した「ヘッジの空売り」でしたね。下落により買いの利益が減らないように、あるいは、これ以上マイナスが増えないように、「空売り」で保険を掛けるわけです。

1回のトレードで勝ちにいくな！

図8を見てください。図7以降の戦い方の一例です。

③下げが止まったとみて、追加の買いを2000株入れます。これでポジションは1-3（空売り1000株、買い3000株）となります。空売りを切らないのは、まだ下落の可能性が否めないからです。

④直近の高値を越えてきました。下げの可能性が相当に下がったとみて、空売りを手仕舞い、買いを追加します。ポジションは0-4。

⑤ ④の買いの後下げましたが、再び上昇に転じたので、追加の買いを入れました。ポジションは0-5となり、以降の上昇を取っていくことになります。

この①〜⑤の一連の買いと売りの作業を「建玉の操作」といいます。

「建玉の操作」、プロの技という感じがしませんか。

1回で勝ちにいくのではなく、複数回の操作、分割売買で勝ちにもっていくところなど、囲碁や将棋に似ていますね。一発勝負ではありませんから、どのような局面でも対応可能です。

株トレードで利益を出し続けていくためには、「株価の流れを読める」ようにならなけ

図8（図7以降の「建玉の操作」の一例）

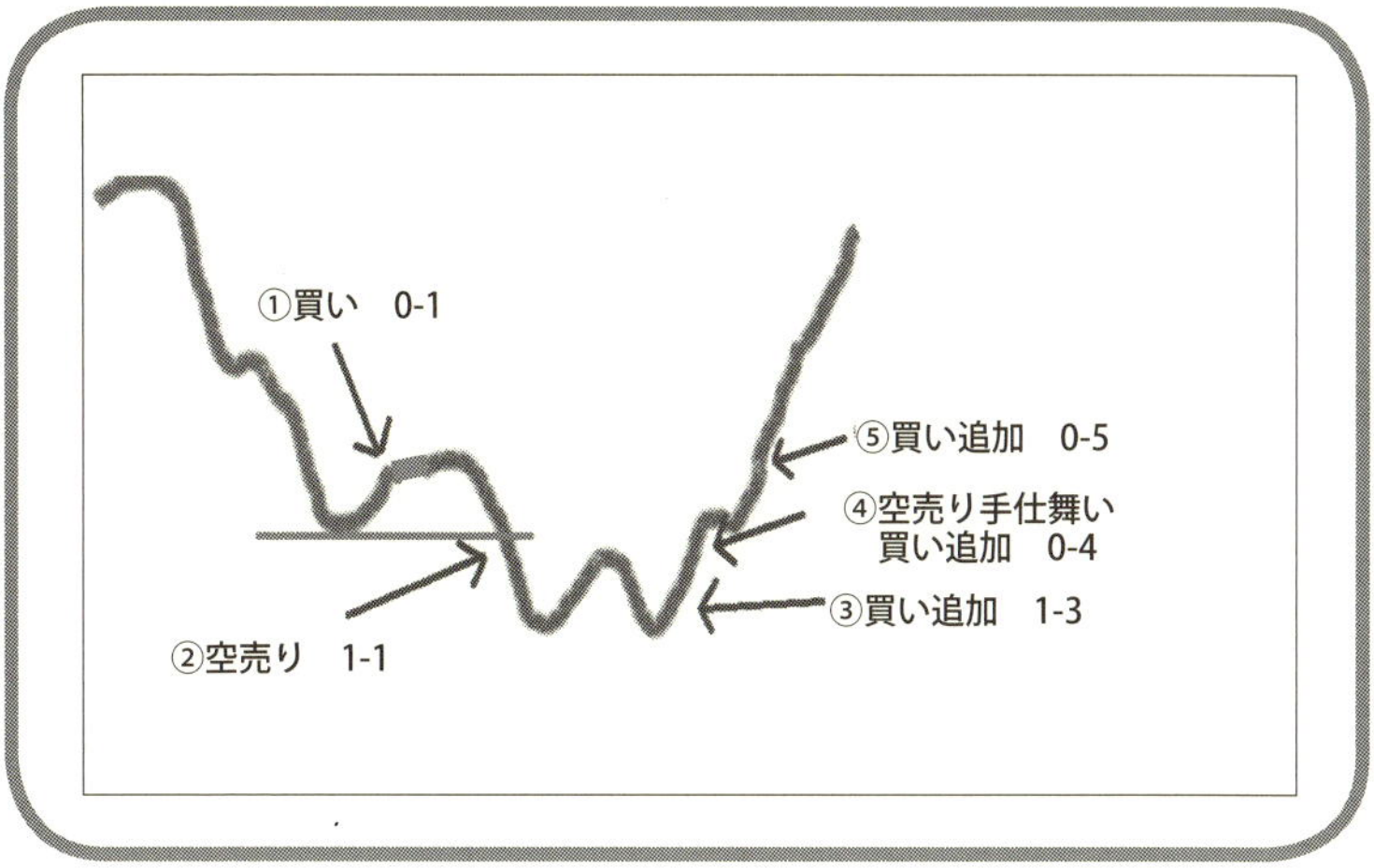

ればなりませんが、それだけでは不十分です。それに加えて「建玉の操作」に熟達しなければなりません。

「そんなことできるようになるのだろうか」と思われるかもしれませんが、大丈夫です。

①株価の流れを読めるようになる
②建玉の操作ができるようになる

この相場流投資の二大要諦は、練習で誰でもできるようになります。すべては練習の量で決まります。

練習すれば、どのような相場でも勝てるのですから、練習しない手はないですよね。

明るい希望の光が見えてきた感じがしませんか！

損切りとは

損が出ていても、見切りをつけて売ることを「損切り（ロスカット）」という。

読みがはずれた時、思いきって損切りをしないと被害が拡大することもある。また初心者ほど損切りができず、ズルズルと株を保有し続け、塩漬け株にする可能性が高い。そのため、「損切りは投資の極意」と説かれることは多い。

しかし、たいていこのような投資本は、「一発買い」「一発売り」や「順張り」を前提に話を進めている。

本書では、買いと空売りのポジションを局面によって調整する「建玉の操作」を前提に話を進めるため、「損切りは投資の極意」とはならない。

第6章

株価の流れを読む 実践編

移動平均線の使い方を究めよ！

株価の「底」を探る

ここからは、少し難しくなりますが、頑張ってついてきてください。これを究めたあなたには、すばらしい未来が待っているのですから。

それから、もしあなたが本章を一読してすぐに理解することができたならば、私はあなたに「俺の35年を返してくれっ！」と言わなければなりません。

何度も読み返して、深く理解するようにしてください！

一度で理解できる内容ではありませんが、必ず理解できる内容です。

それでは始めましょう。

ここで必要な道具は、ふたつあります。

①移動平均線（5日、20日、60日、100日、300日の各移動平均線）

②ローソク足

これからあなたが一生利益をあげ続けていくための大切な大切な「道具」です。

「技術」を究める「株職人」にとって、この「道具」は欠かせないものです。

77ページの図9を見てください。これは株価が下落を始めてから「底」を形成し、上昇していく過程を示しています。

基本的にどこの国のどの銘柄もこのような動きをとります。

流れは以下のとおりです。

下落→底→上昇の基本形

①いったん天井をつけ下落に入ります。

②～③2日あたり連続で陰線が続くも、

④4日目は、陰線ながら5日線より上で寄り付き（始値が付き）ます。最終的には5日線より下で終値をつけますが、これは重要な「変化」です。

このあたりから次の上昇を意識して観察します。

⑤このところ出なかった陽線が出現します。これも「変化」です。さらに上昇の機運が出てきたようです。

⑥ところが、また陰線が出てしまいました。素人から見ると「がっかり」なのでしょうが、プロから見ると、これも「流れ」の中の予定していた出来事なのです。ＯＫ！

⑦陽線になりました。

⑧今度は陰線ながら、ふたたび5日線の上に出てきました。そろそろか！

⑨そして、陽線。このところ1日おきに陽線が出るようになってきました。明るい兆しです。

⑩陰線ですが、また5日線の上に出てきました。

⑪2日連続で、終日5日線の上。しかも、連続陽線です。これはもう大丈夫。

⑫この陰線は我慢。

図9（下落→底→上昇の基本形）

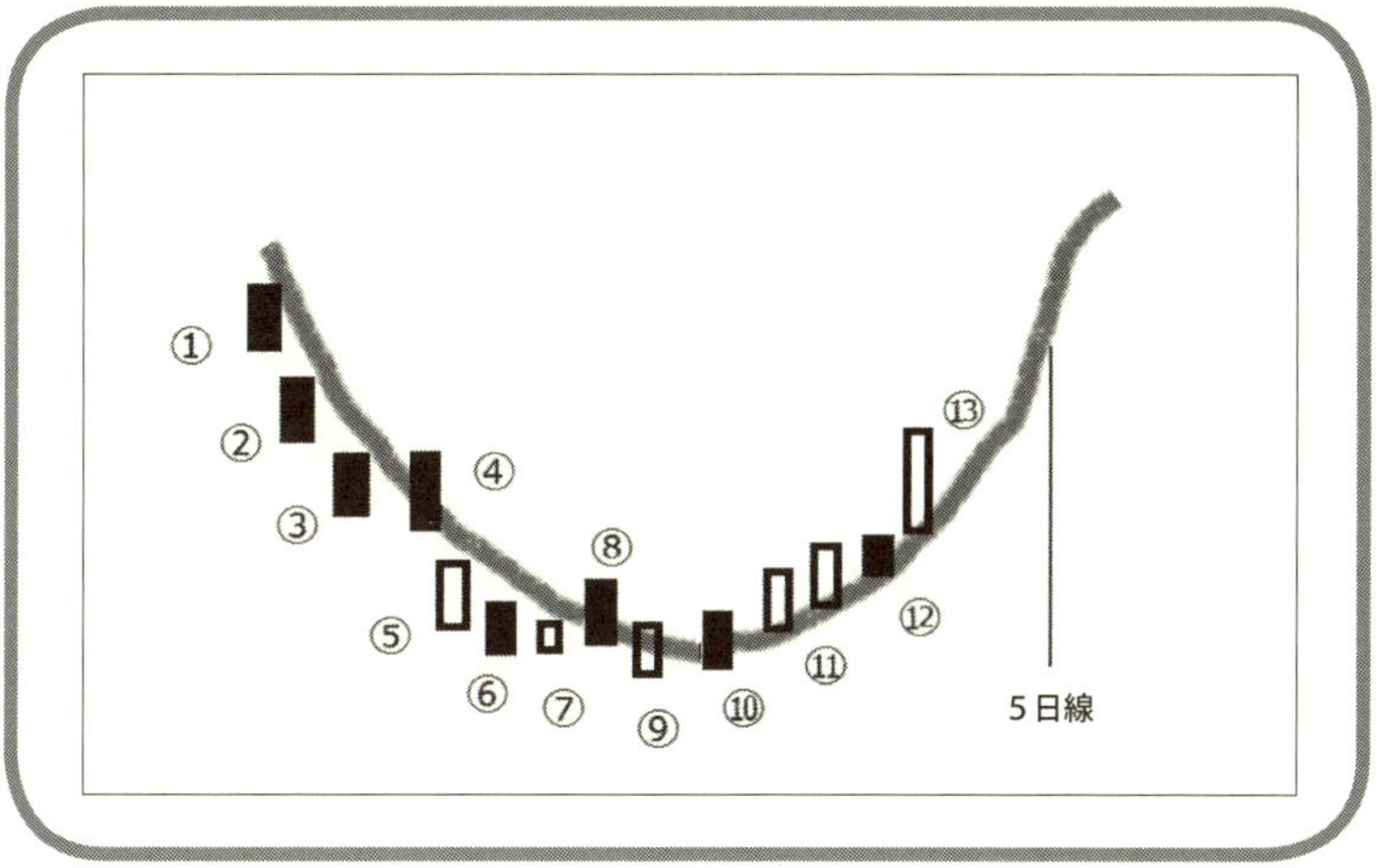

⑬やっぱり長い陽線が現れました。もう大丈夫ですね。

いかがですか、下落してきた株価は基本的にこのような動きで「底」をつけ上昇します。

④では、陰線3連続の後、5日線の上に出る陰線となっています。実際のトレードでは、3連続陰線ではなく2連続になるかもしれませんし、5連続かもしれません。

しかし、下落の中「変化」を繰り返しながら下げ止まっていくんだ、ということを理解してください。

東京市場に上場しているいろいろな銘柄のチャートを見て、確かめてください。

まったく同じではありませんが、これが基本形であることがわかります。

5日線と20日線の関係からみる下落↓底↓上昇

図10を見てください。5日線と20日線です。

この図での2線の関係をよく考察してください。繰り返しますが、考えることが力になるのです。

以下、考察例です。

①下落している5日線が、初めて20日線に接するも、また下げていきます。

②で、2回目の20日線タッチです。この時は、5日線が20日線をやや越えて、数日間20日線の上に「滞在」していますが、その後また下落してしまいます。

③再度、5日線が20日線を越えました。下げ始めてから、5日線が20日線に触れるのは3回目、越えるのは2回目となります。今回このまま上げてしまうかもしれません。もしくは、もう一度下げて再度上昇したのち、本格上昇になる可能性を感じる場面です。観察すべきは、この後下げた場合、その下げが浅いかどうかです。

④おおっ！　③の後の下げが④で止まった！　つまり、前回の安値を割り込まなかったっ！　いよいよ上昇か！

⑤4回目の20日線タッチ！　そのまま上昇。

⑥もはや、5日線には20日線を割り込む様子はありません。

図 10（5日線と20日線のストーリー）

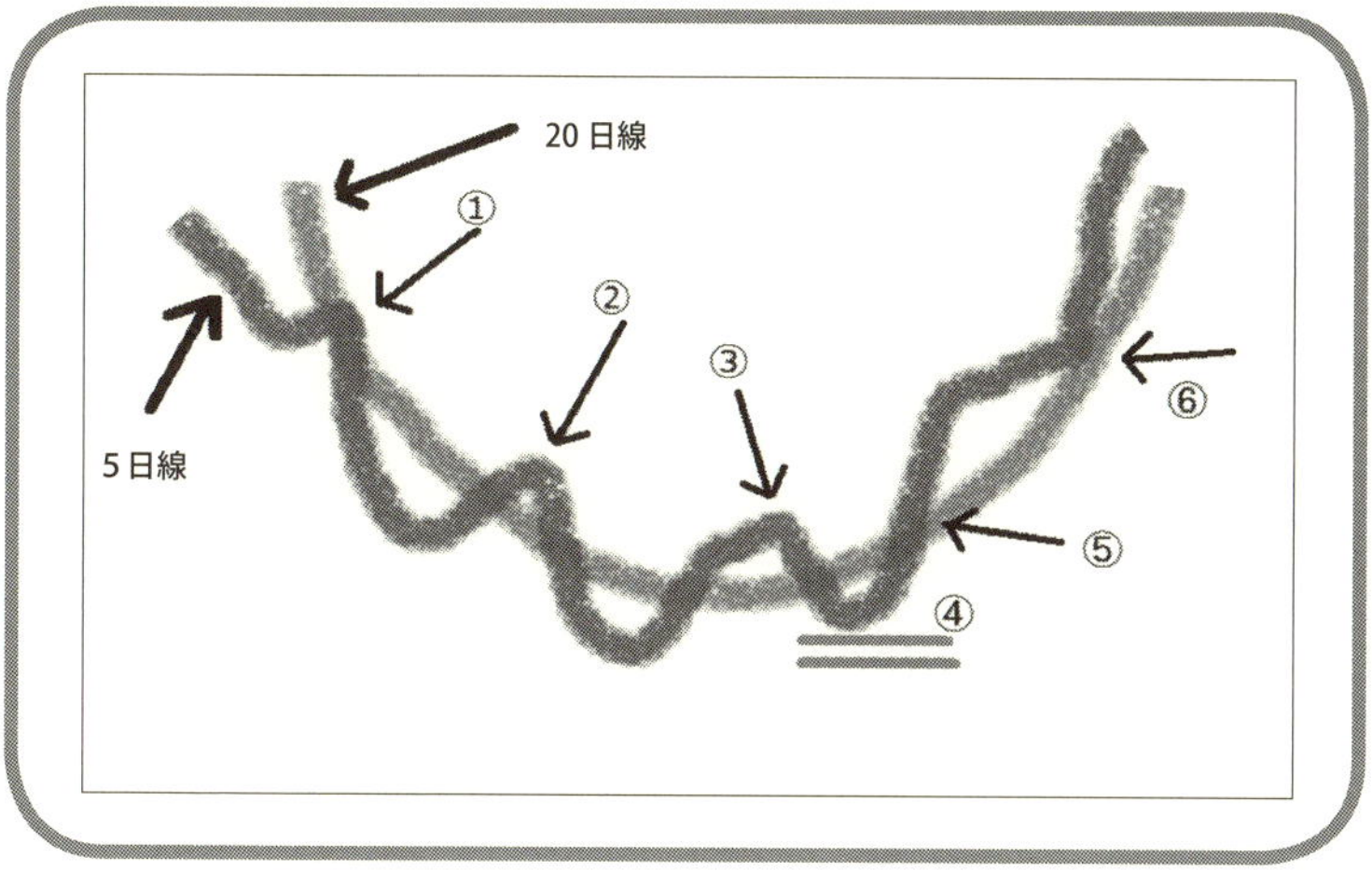

いかがでしたか。①〜⑥はストーリーになっていますね。

本格上昇まで、5日線が20日線にタッチする回数は4回でしたが、実際には2回だったり、5回だったりします。しかし、「流れ」は大体こうなります。

では、実際のチャートを見て、納得していただきましょう。

チャート⑥-1（4751 サイバーエージェント　2012/11/22～2013/3/6・日足）

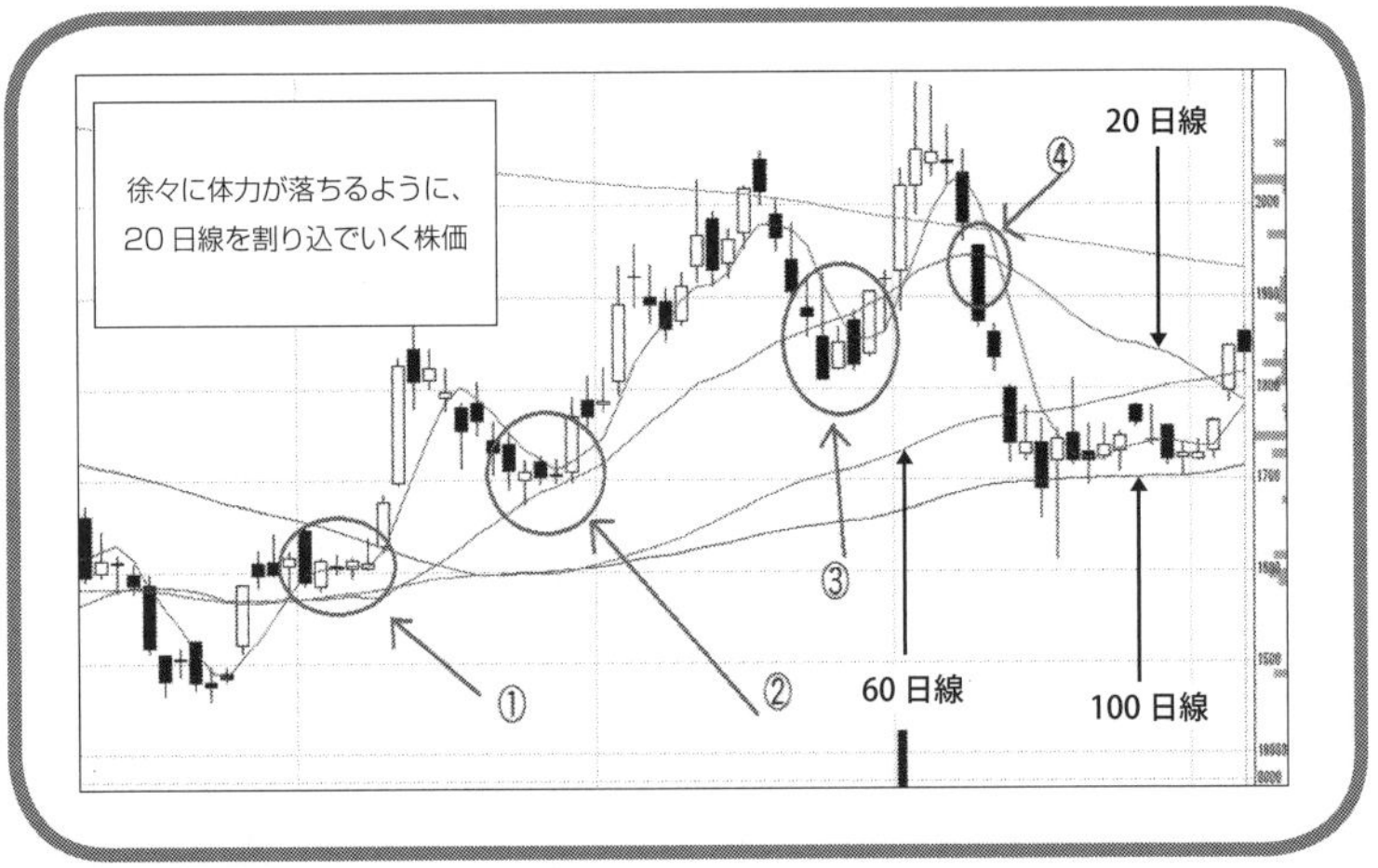

20日線からみる株価の「衰退過程」

チャート⑥-1を見てください。○で囲ったところは株価が20日線に向かって下落したところです。

①上昇を始めて、最初に20日線に向かって下落したところです。かろうじて20日線には接しないで、下げ止まっています。

②2回目の下落。20日線に接したところで下げ止まっています。

③3回目は割り込んできました。

④完全に割り込みました。その後は、60日線を割り込み、100日線でようやく下げ止まりました。

ここでもう一度注目していただきたいのが、株価の「衰退過程」です。

20日線を基準にすると、①ではこれに近づき、②では接しました。そして、③では割り

チャート⑥-2（9048 名古屋鉄道　2011/12/28～2012/4/16・日足）

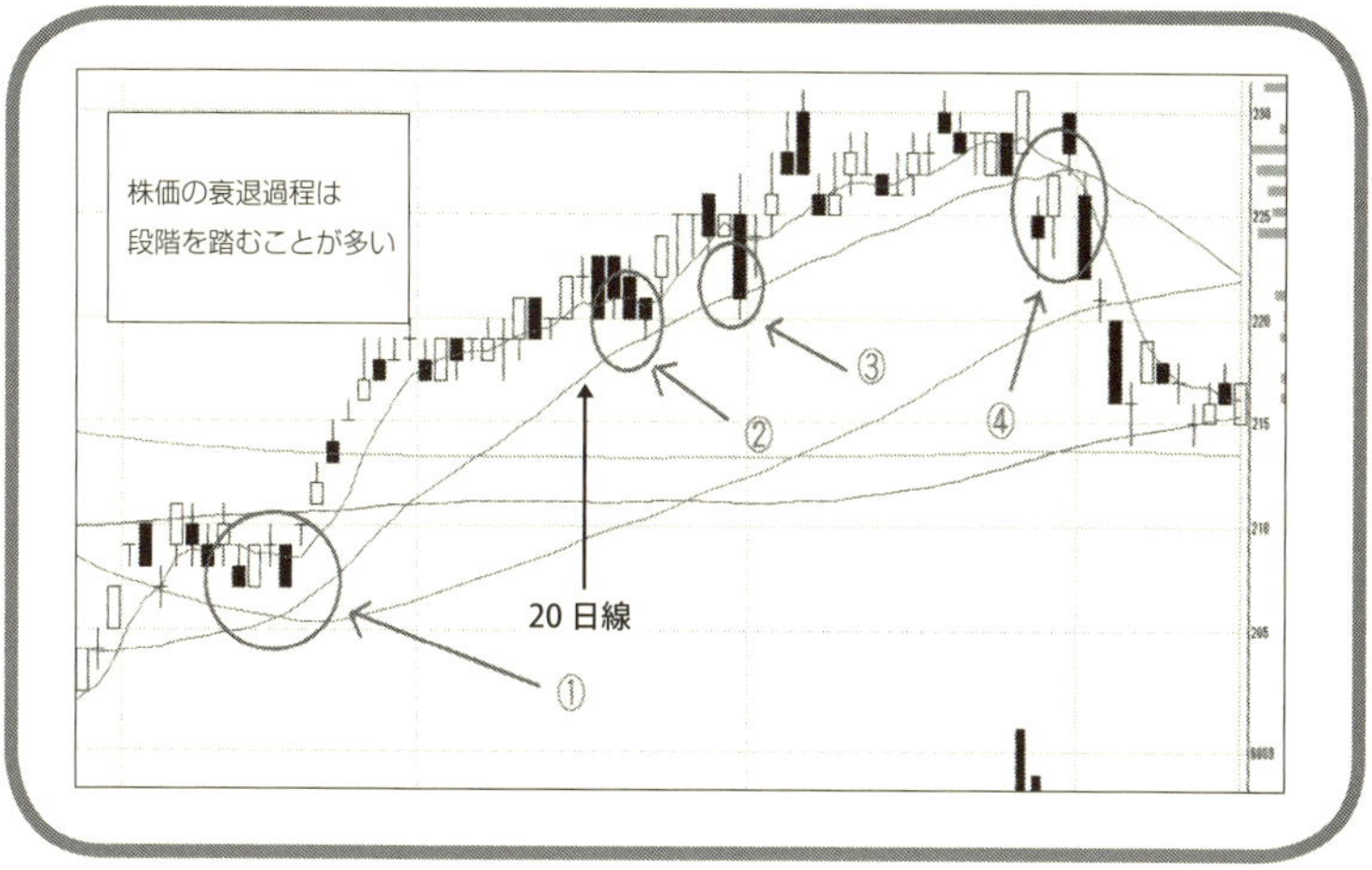

込み、④では大きく割り込んでしまいました。株価が20日線に対して徐々に「衰退」していったことがはっきりわかります。

チャート⑥-2を見てください。先ほどと同じように20日線を基準にして衰退過程を見ると、

①近辺で下げ止まる
②接する
③割り込む
④大きく割り込む

と同じ動きをしていることがわかります。

この動きは「株価の流れを読む」道具に使えると思いませんか。

空売りで取る！　と考えた時に、上昇を観察しながら、「だいぶ上げてきたけど、下落

時に20日線に接する回数が増えてきたぞ。今度で3回目だ。4回目か5回目で、大きく下げるかもしれないな」などと予測するわけです。

組み合わせれば相乗効果

この20日線と「他の方法」を複合すると、精度はさらに増してきます。これは大変重要です。

たとえば、「株価の上昇は、3ヵ月目か6ヵ月目でいったん止まる」という「日柄」の特徴（50〜53ページ参照）を組み合わせると、先ほどのサイバーエージェントも名古屋鉄道もより確信をもって読めてきます。

80〜81ページに戻って確認してください。両銘柄とも、上昇を始めて3ヵ月目近辺で、下落に転じていますね。

あとは、この「読み」にあわせてどのように空売りを仕込んでいくかという「建玉の操作」の領域に入っていきます。複数に分けて「仕込んで」いくことになります。ここがプロの手法ですね！

さて、20日線という「道具」の使い方をお話ししましたが、勘のいいあなたは、「5日線や60日線、そして、100日、300日の移動平均線も似たように使うんですね！」とお考えになると思います。

そのとおり！

「株職人」になるためには、このような考え方をする習慣が非常に大事になってきます。

移動平均線を使い、株価をストーリー化せよ

では、60日線、100日線、300日線について見てみましょう。

今度は少し複雑になりますが、実際のトレードではこのくらい当然です。

でも、心配は無用です。

これも慣れですから。

最初からはっきりわかった人はひとりもいません。

では、85ページのチャート⑥-3を見てください。

60日線と100日線でストーリー化

①②③長く下げてきて、下げ止まった状態です。60日線を越えようと何度もトライするもできません。

④やっと、60日線を越えるも、100日線まで上昇することはなく、

⑤⑥下落するも60日線を割り込みません。株価の「居所」が高くなってきましたね。

このあたり、なかなか「ストーリー」になっていますね。チャートもやるな〜。

⑦遂に！　念願の100日線までの上昇を果たします。

⑧100日線達成からいったん大きめに下落した後、過去の底値を割りこまず、ふたたび60日線を越えた状態です。

⑨　⑦の時、越えることができなかった100日線を越えてきました。スゴいストーリーです。この時、すべての移動平均線が株価の下にあります。

⑩5日線は割り込んだものの、20日線まで下げることなく復活上昇しました。そして、大幅に上昇していきます。

この例でも、移動平均線を使って株価の動きのストーリー化ができました。

チャート⑥-3（7203 トヨタ自動車　2008/12/30～2009/4/21・日足）

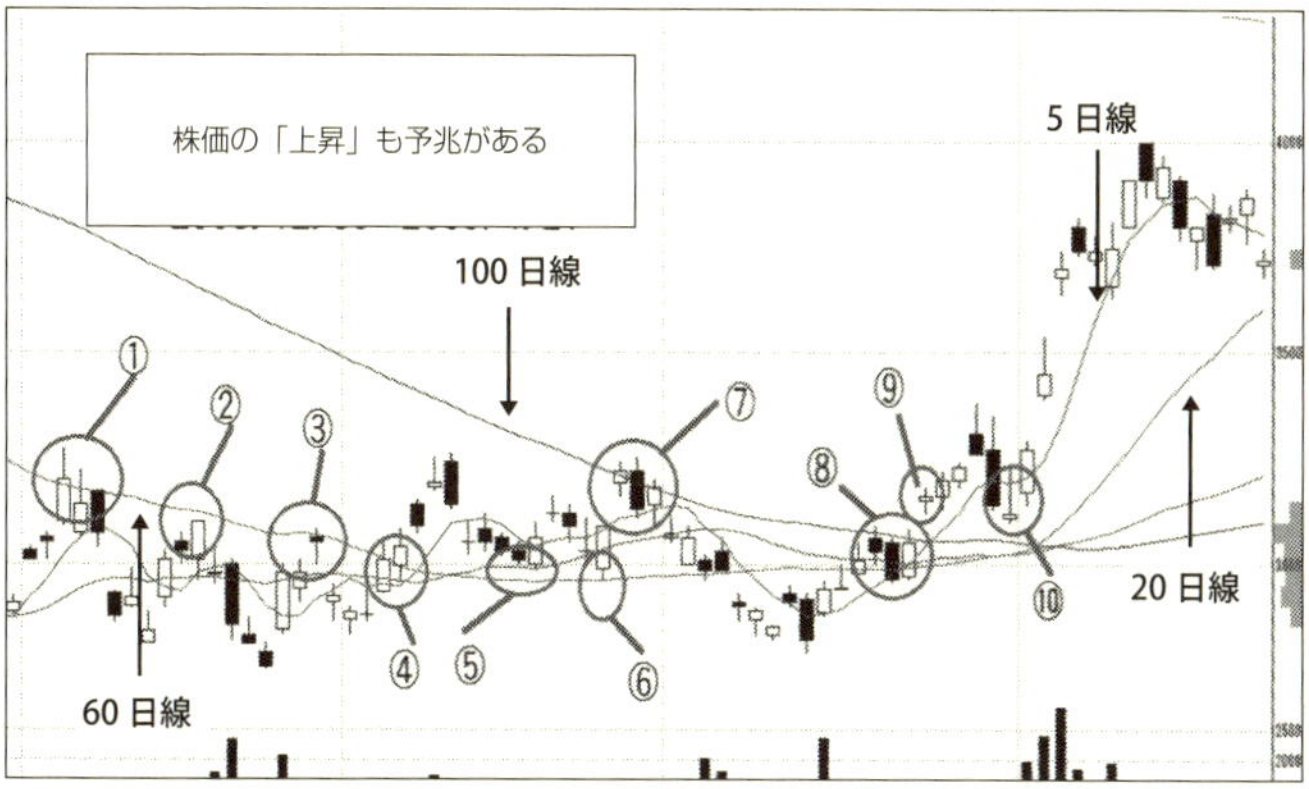

東京市場のほとんどの銘柄の過去の株価の動きすべてについて、そして、将来の株価の動きについて、このストーリーを描くことができます。ということは、熟練次第では「株価の流れ」をある程度「読む」ことができるようになるということです。

現に、私も私の弟子たちも、これくらいできます。

どんどんいきましょう。

87ページのチャート⑥-4を見てください。

チャート外の動きを予測する

このチャートの左端は、2006年4月6日です。

しかし、チャートと移動平均線を「読む」だけでそれ以前の動きも、この右端の8月29日以降の動きもある程度わかってしまいます。やってみましょう。


まずは、チャート内で起こっていることを分析します。

「300日線がローソク足の下にあることから、この銘柄の株価は過去300営業日、つまり、15ヵ月間に渡って上げ下げをしながらも上昇してきたんだろう。15ヵ月もの上昇の後、株価が60日線を割り込んで、300日線に向かって下げてきた。つまり大きな上昇相場は、このあたりでいったんの終息を迎えるだろう。そしてAの時点で、株価は100日移動平均線を越えることができなかった」


ここから、チャート外の動きの予測です。矢印Bの下落がどう動くかですね。

「Bの下落もいったんは収まり、上昇に転じるだろう。しかし、その時の上昇はきっと100日線まで上げずに下げてしまう。この下げは、300日線も割り込む大幅下落にな

チャート⑥-4（7453 良品計画　2006/4/6～2006/8/29・日足）

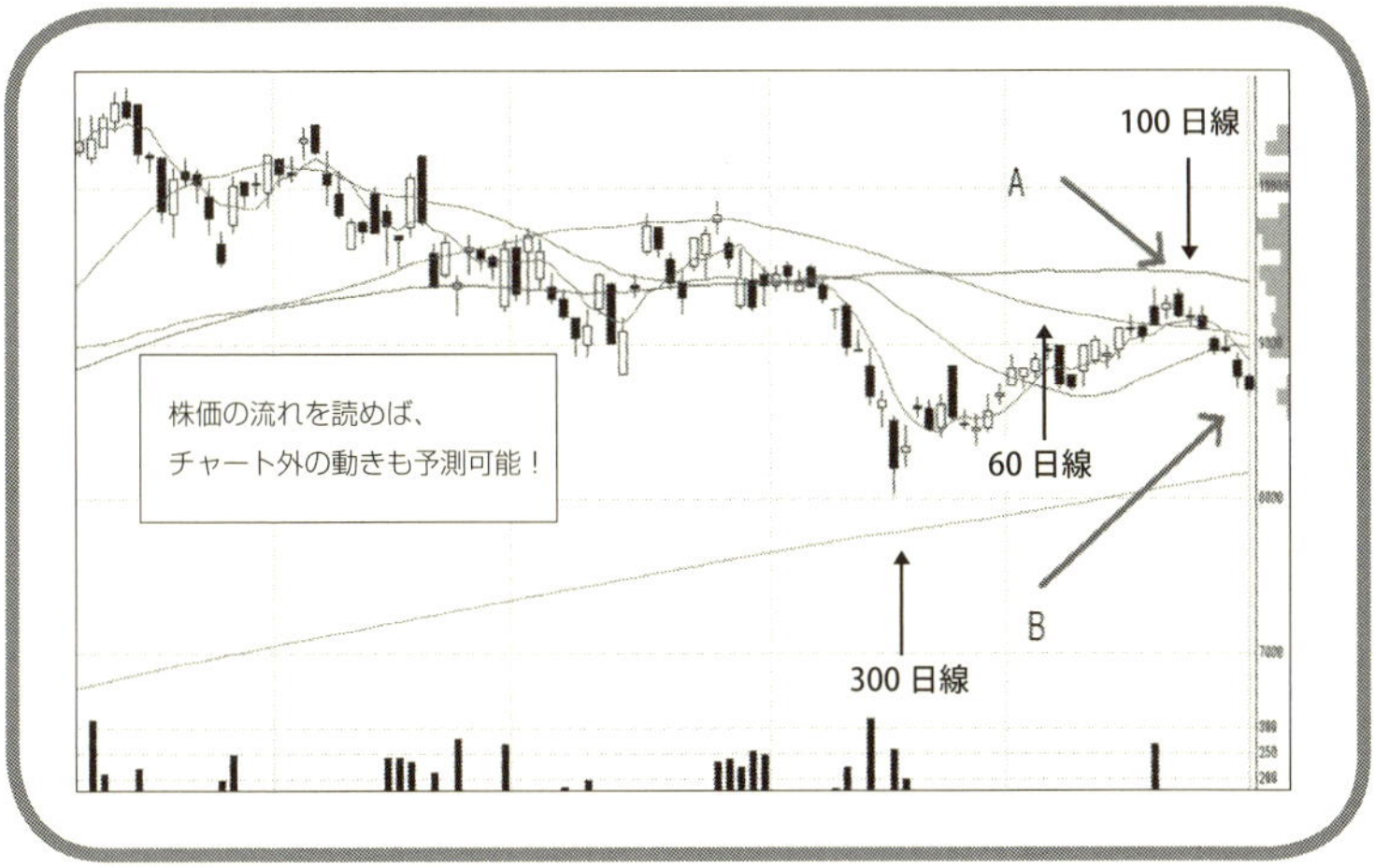

るかもしれない。

　だから、Bの後の上昇は一時的なものだろうから、売り上がり（上昇時に空売りを仕込むこと）の機会だ。3000株の空売りを入れて、予想どおり300日線まで下げたならば、利益300万円は堅い！　期間は10日くらいだろう、同時に、同じような動きの銘柄を4銘柄ほど仕込もう。この10日間で1500万円くらいの利益にはなるな！」

　この本の内容をすべて理解したうえで、練習すれば、このくらいの「読み」はできるようになってしまいます。まだまだ株価の流れを「読む」技はたくさんありますが、紙面の都合上この辺にしたいと思います。

　では、これから流れを読む練習問題をしてみましょう。

株価を読むための練習①

チャート⑥-5を見てください。右端に2014年12月19日とありますが、ここから先の未来の株価の動きを予測してみてください。その際、予測はひとつではいけません。可能性としてありえる複数のパターンを考える必要があります。

まずは、ご自分で考えてみてください。これまで、お話ししたことを総動員しましょう。自分の頭で考えることはプロ級になるためにとても大事なことです。

頭のいい人は「パターンを覚えてしまえばいいんですね」と言います。でも、これは違います！　これでは上手にはなりません。パターンで覚える人は伸びなくなってしまいます。

パターンで覚える人は頭でわかると、「これで消化完了！」と考えて、身につけたことにしてしまいます。やってみるとわかりますが、これでは本番のトレードではまったく通用しません。

「技術」は頭でわかってもできないことに特徴があります。「わかっていること」と「できること」は違うのです。

チャート⑥-5（4902 コニカミノルタ　2014/9/1 ～ 2014/12/19・日足）

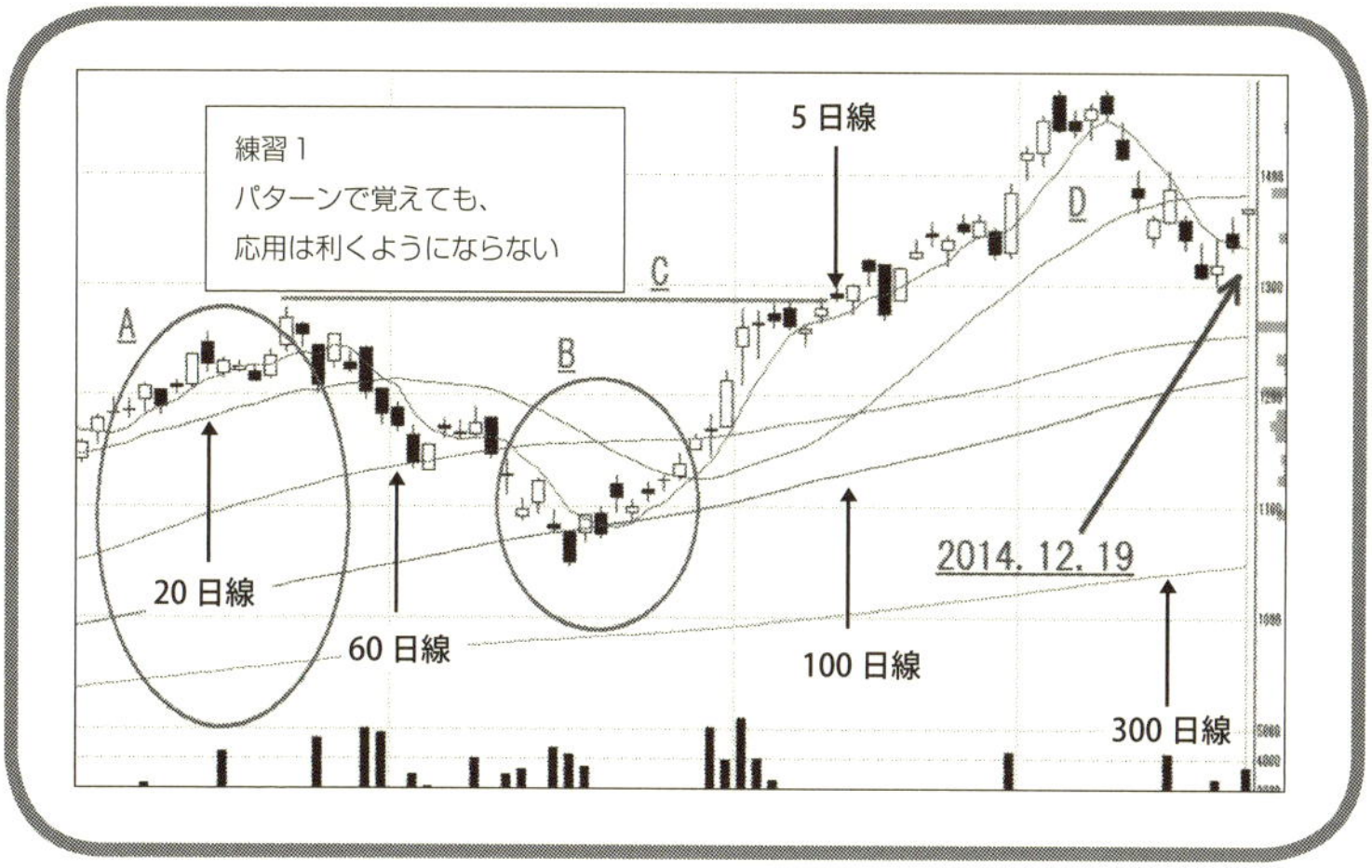

「技術」を身につけるには、まず「回数」が必要です。身体でわからなければなりません。ですからパターンで覚えるのではなく何度も何度も考えてみることを繰り返してください。これは私の35年の経験からいえることです。まず馬鹿になって愚直に繰り返すことです。

さて、見るところは、

①移動平均線の並び
②上昇期間（日柄）
③これまでの株価の流れ
④20日線と株価の関係

などです。

では、私の考察をお話しします。

考察例①（もう一度チャート⑥－5を出します）

①Aで移動平均線の順番を見てみると、一番下から300日線、100日線、60日線、20日線、5日線の順番になっています。

株価が300日線より上に、しかも、かなり上にあるということは、過去300日の間、上げ下げを繰り返しながら上昇してきたことを表しています。上昇が続くと含み益を保有している人が多数存在し、何かのきっかけで一斉に利益確定に動く傾向がありますから注意が必要です。

②Bでは、長らく上昇を続けてきた株価が100日線まで下落し、再度上昇にむかっています。これまでお話ししてきた内容から考えると、今後100日線まで下落することが増えてくると、その回数に応じて相場が弱ってくることも考えられます。

③Cは、Bからの上昇がAでの上昇の高値を越えてきたことを表しています。

④Dを天井圏とする上昇は、Bを底の月として上昇3ヵ月目にあたります。上昇3ヵ月目という「日柄」は、そろそろ下落の可能性を探る頃でもあります。

問題は、「終盤間際、下落が20日線を割り込んできたあとの上昇がどうなるか」です。

私は、①～③を背景として、④を主な理由として、以下のように考えます。

もし、今回の上昇中に、20日線近辺で陰線が出現し、下落の兆候が現れるようであれば（具体的には陰線出現、20日線を越える勢いのないローソク足の並び方の出現）、次の下落は60

チャート⑥-5（再掲）

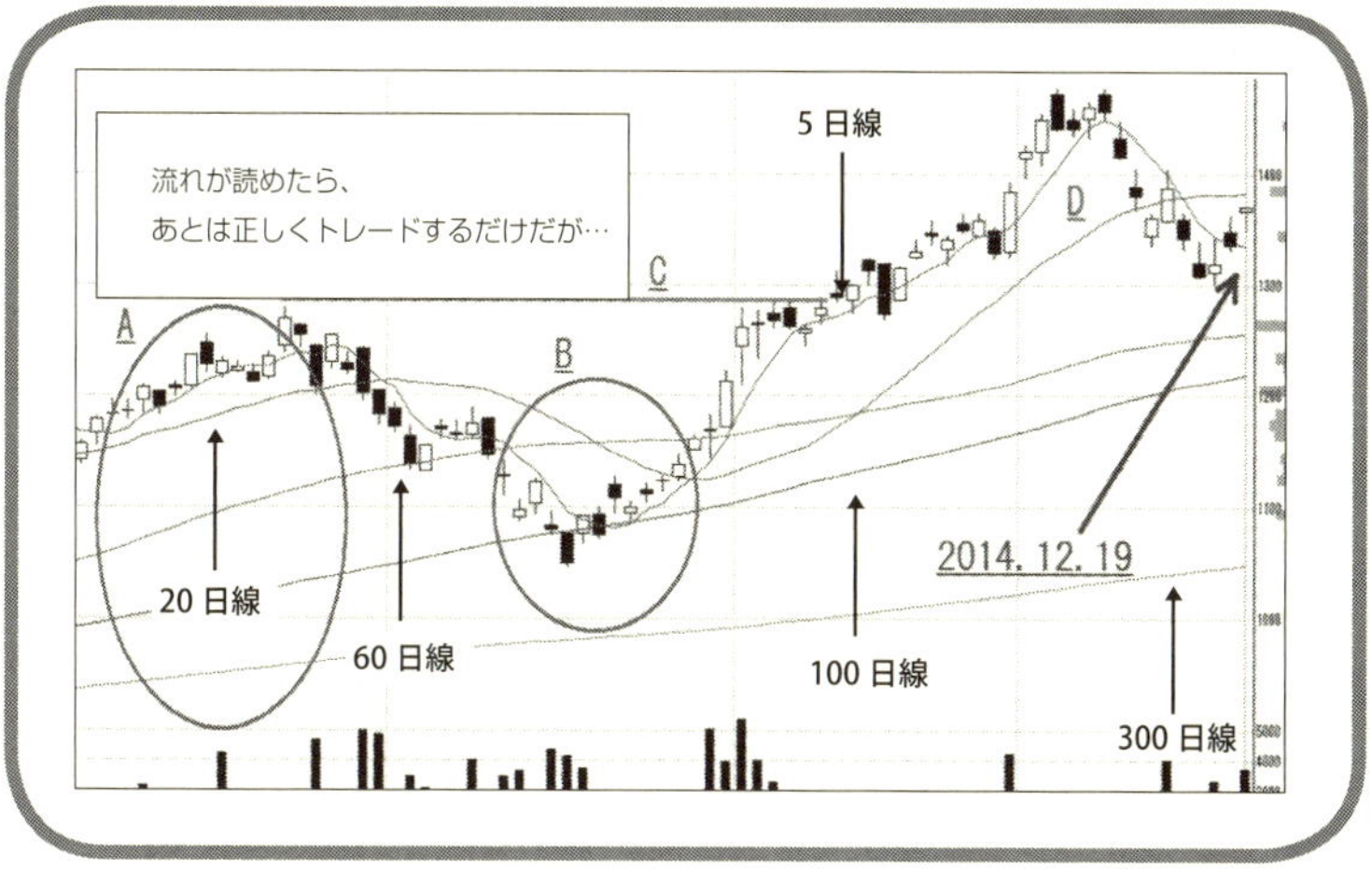

流れが読めたら、あとは正しくトレードするだけだが…

日線か、もしくは100日線くらいまで続くと考えられます。

しかし、今の上昇が20日線を越えるようですと、前の高値であるDを越えられない可能性と越えていく可能性のふたつを両にらみで観察を続けます。

もし、あなたに「考察はわかった。では、実際にどこで売り買いをするんだろう」という疑問が浮かんだのでしたらすばらしい！ その部分はとても大切で、それが「建玉の操作」なのです。

「株価の流れ」がわかってもどこでどのように買って、どのように売る（手仕舞いする）かがわからなければ実際の利益には結びつかないのです。

トレード例を出したいところですが、本章

チャート⑥-6（4902 コニカミノルタ　チャート⑥-5以降・日足））

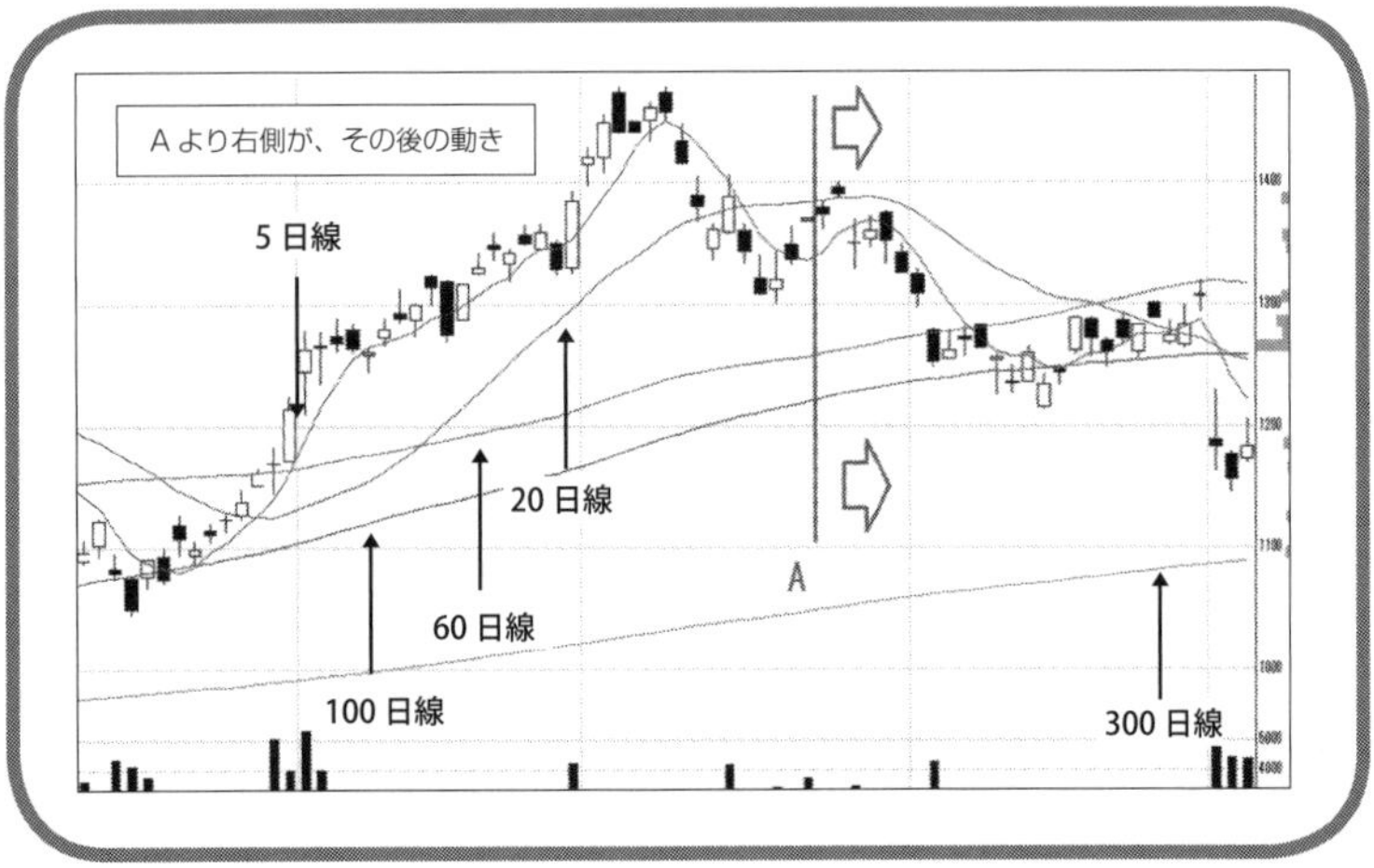

の趣旨からははずれるので、とりあえず実際のその後の動きを見てみましょう。

チャート⑥-6のAの縦線より右側が先ほど考察して予測した動きです。

実際に100日線を割り込むまで下落していきました。

もし上昇が20日線を越えてきた場合も、戦い方は考察例のとおりです。

練習次第であなたも、このくらいは「読める」ようになります。

では、2問目です。

チャート⑥ -7 （9101 日本郵船　2012/6/28 ～ 2012/11/19・日足）

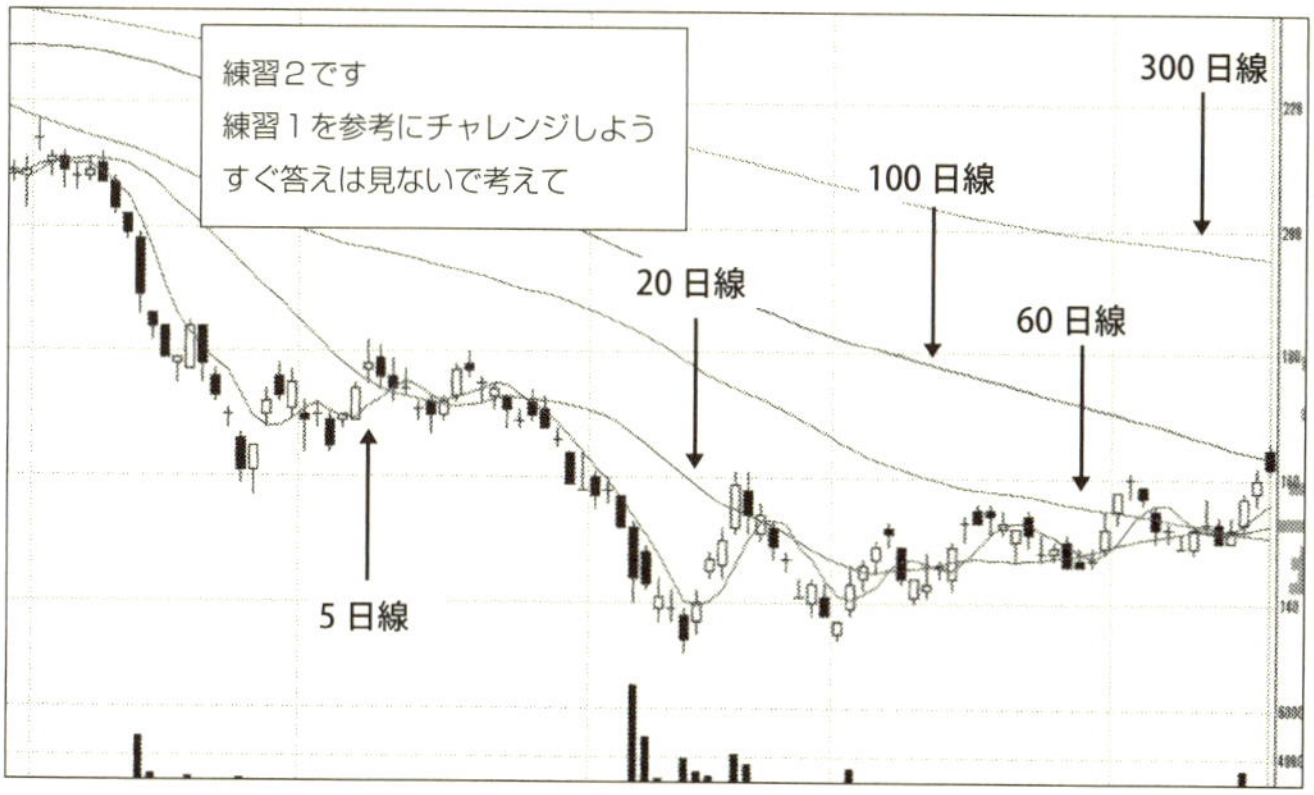

株価を読むための練習②

チャート⑥-7の11月19日以降の株価の動きを予測してください。練習1を参考にチャレンジしてみてください！

考察例②

では、私の考察です。チャート⑥-8を見てください。

①より約1ヵ月前に20日線を越えたこと（α）があります。①の後、再度20日線を越えてきました。その後の下落で②まで下げますが、これは①の安値と並んでいます。この下げ止まりは、上昇にとってよい兆候です。こう感じられるようになってください。

そして、③で再度20日線を越えてきました。

①と②の間の20日線越（β）と③の20日線越の期間が、比較的短くなってきました。③の時点で「次の下げが浅かったらこの辺りは底練り期間（上昇に続く底期間）だ。いつか飛び出すぞ！」と思うことができたら、あなたにもプロへの道が拓けてきます。

④を見てください、予想どおり。前の安値まで下げませんでした。しかも、20日線を割り込んだ期間は非常に短い。これは「強い」。

次の⑤は前の高値である③を越えてきました！　もうすぐ、60日線に近づきますね。ここで、「次の下げは前の安値である④を割らない可能性がある。そして、次の下げの後の上げは、今度こそ60日線を越えてくるのではないか」と思えたらプロ級です。

実際⑦のようになっています。⑧でも⑥を割り込んでいません。次の上昇では100日線に達しました。

ここで、この3ヵ月間の株価の動きを20日線との関係で見直してみると、徐々に20日線

チャート⑥-8（⑥-7にマークをつけたもの）

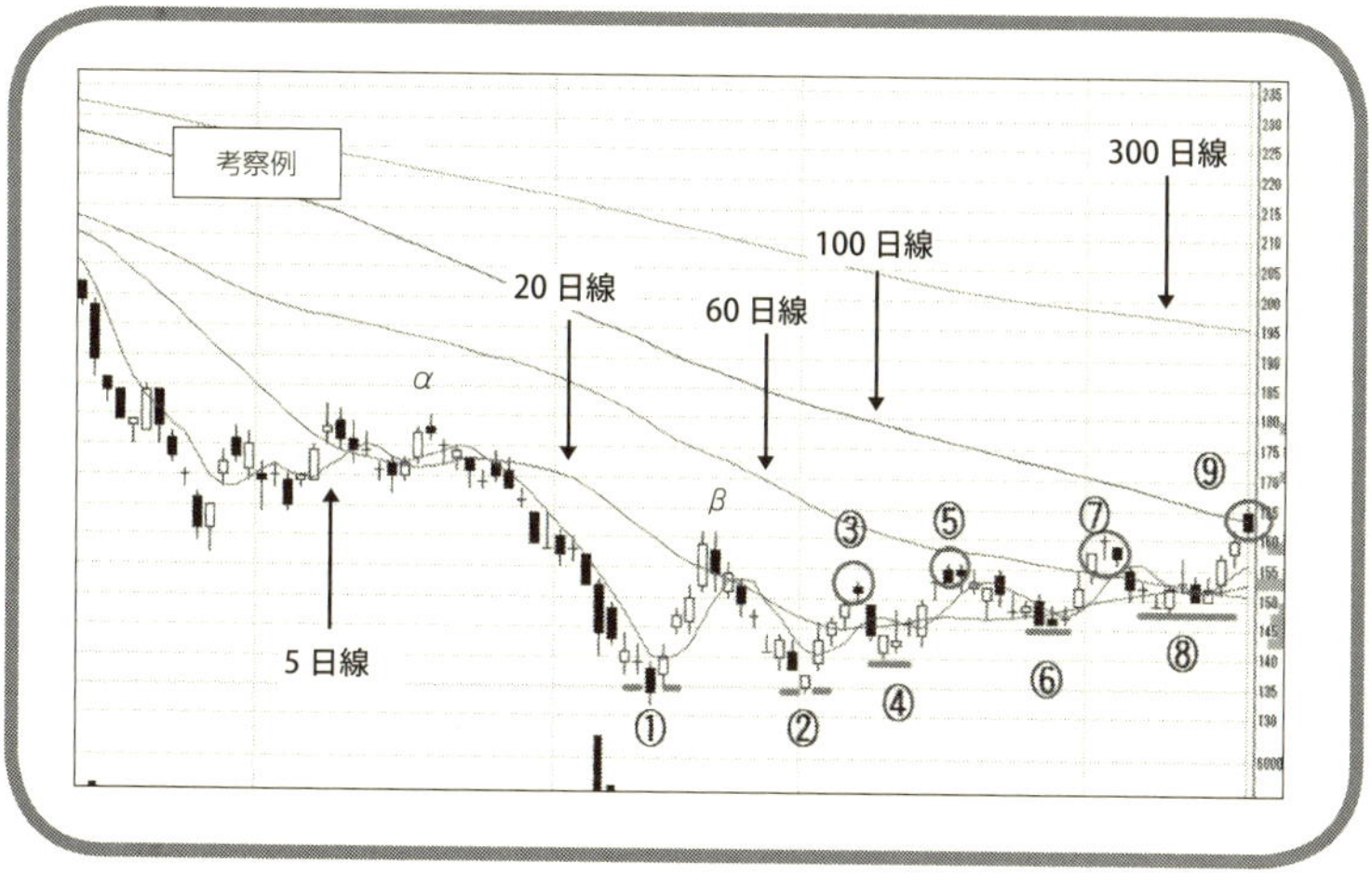

チャート⑥-9（⑥-8以降・日足）

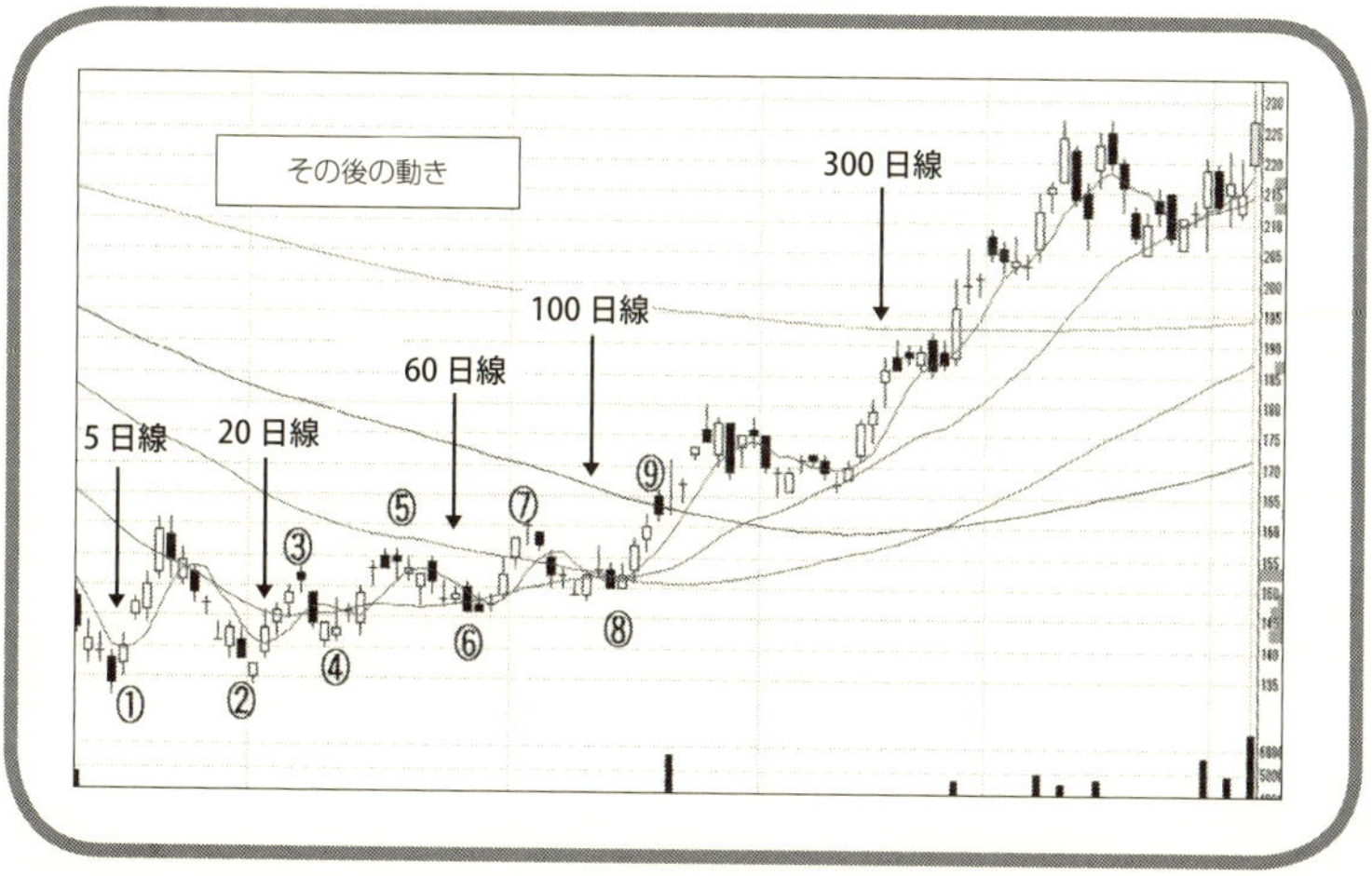

の下での「滞在期間」が短くなってきていることがわかります。

もし、⑨からの下げの底が20日線を割らなくなれば①～⑥（もしくは⑧）の長い底練りが終わり、大きな上昇に移るかもしれないと考えられます。

あるいは、⑨の後、ふたたび下落局面に入り①、②レベルまで下落するということも考えられます。

こんなところでしょうか。

前ページのチャート⑥-9がその後の実際の動きです。


これからいろいろなチャートにあたって「株価の流れ」を読む練習を重ねていってください。

練習は裏切りません！　あなたも必ず上手になれます。

私はこうして今のレベルに達しましたし、私の弟子の中で大きく成長した人は間違いなく数多く練習をした人たちです。

本章では、プロの相場師の基本的な「株価の流れ」の読み方をお話ししました。と同時にこれが、まずあなたに理解して練習してほしい内容です。

まだまだ、奥は深いのですが、とりあえずこの辺で。

ファイト！

第7章

建玉の操作①

「底」と「天井」で逆張り

「順張り」「逆張り」の定義

前章では「株価の流れ」を予測する基本的な方法についてお話ししました。また、いくつかの練習もしていただきました。

その際、株価の上げ下げを利用して利益を得るために、「株価の流れ」を予測できても、「建玉の操作」ができなければ利益につなげることはできないということも強調しました。

ここで、もう一度、

①株価の流れを読めるようになること
②建玉の操作を究めること

が、株価の上げ下げを利用して利益を得るための両輪であることを認識していただきたいと思います。あなたの勉強のターゲットは、このふたつに絞られました。

本章では、②の「建玉の操作」についてお話しします。

その前に67～71ページの図6、図7、図8をもう一度見直してください。ここで注意！

たぶん、見直さない人が8割だと思います。私もあなたの立場だったら、そうしますから…

ある程度理解しているので、どんどん先に読み進めたいという気持ちですね。でも、この本は気軽な読み物ではありません。技術を身につけるための本、「技術書」です。技術は、一歩一歩積み重ねていかなければ身につきません。階段を順番にしっかり登っていってください。その方が最終的にはうまくいくのを私は知っています。弟子たちの過去の動きをたくさん見てきていますから。

さて、建玉の操作の基本をお話しする前に、「順張り」「逆張り」の定義から入りましょう。

読者の中には、

順張り：「買い」で利益を取ろうとする時、株価が上げ始めてから買うこと

逆張り：「空売り」で利益を取ろうとする時、株価が下げ始めてから空売りすること

と思っている方はいませんか？

この定義は間違っています。

「順張り」とは

図11αを見てください。これはA、Bともに「順張り」の買い方です。両者とも上げ始めてから買っていますね。

Aトレーダーは①から上昇して、次に下げた時に②で下げ止まった後の上昇で「買い」を入れました。つまり、①のラインまで下げなかったので買ったわけです。なかなか戦略的ですね。

Bトレーダーは、②からの上昇が④を越え、次の下げが②を割らず③で下げ止まったのを見て「買い」を入れました。

AトレーダーよりもBトレーダーのほうが、慎重な買い方です。

では、AよりもBのほうが優秀なトレーダーなのでしょうか。そうとはいえません。Bは買いの価格が高いからです。Aは早く買った分、買い価格は抑えられ、しかもその後の上昇幅をBよりも多く取ることができました。株価の上昇には限りがあるのに、Bは何もせず観察だけした分、利益的なロスがあるのです。また、Bが買った時点で、だいぶ上昇していいます。そろそろ下げに転換する可能性も指摘できます。

A・Bともに順張り。ここをまず確認です。

次に、図11βを見てください。Aは順張りとして、Bはどうでしょう？　これは先程の

図 11 α（Bのほうが慎重な「順張り」であるが…）

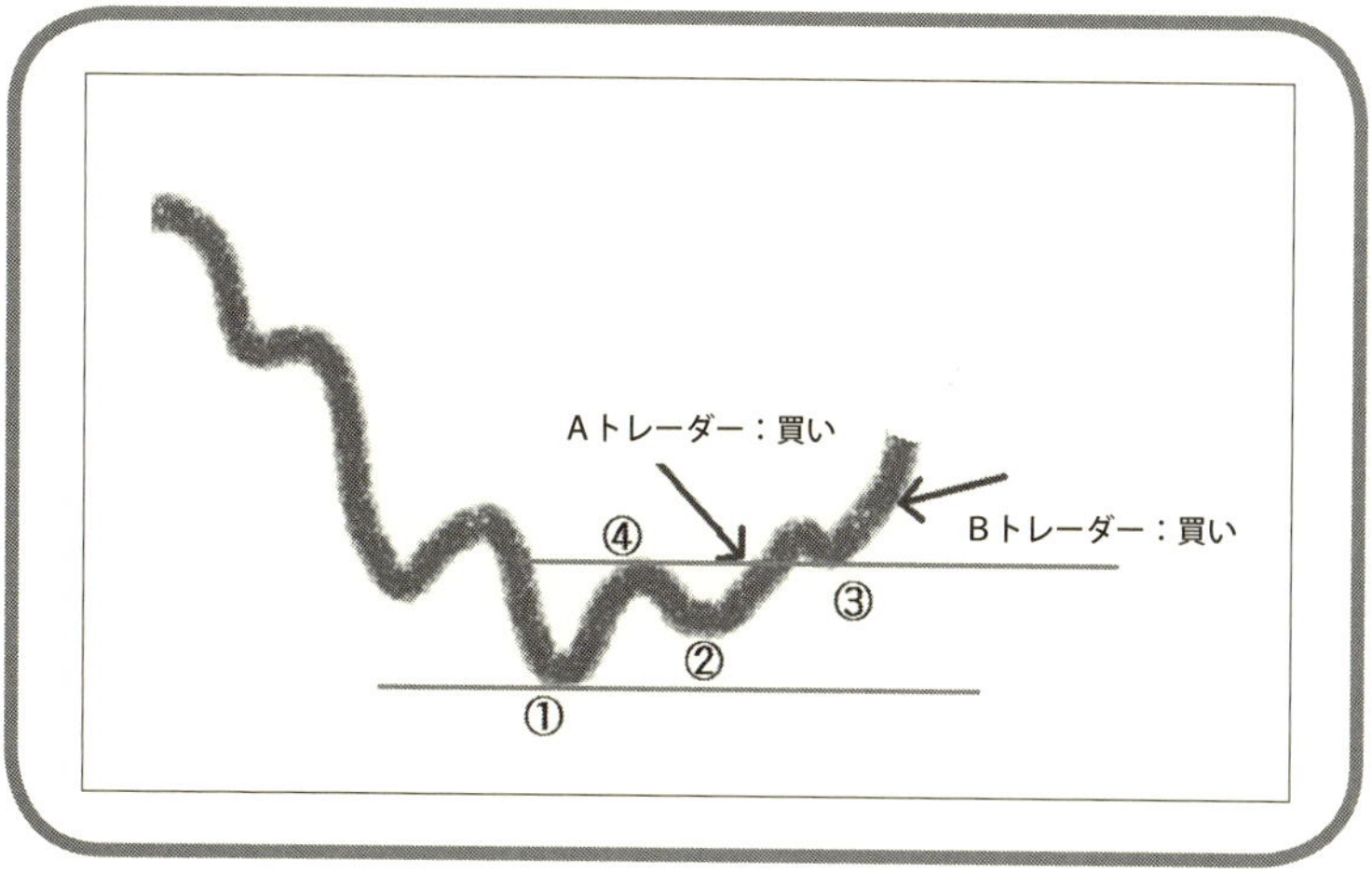

図 11 β（Bの買い方は「逆張り」？）

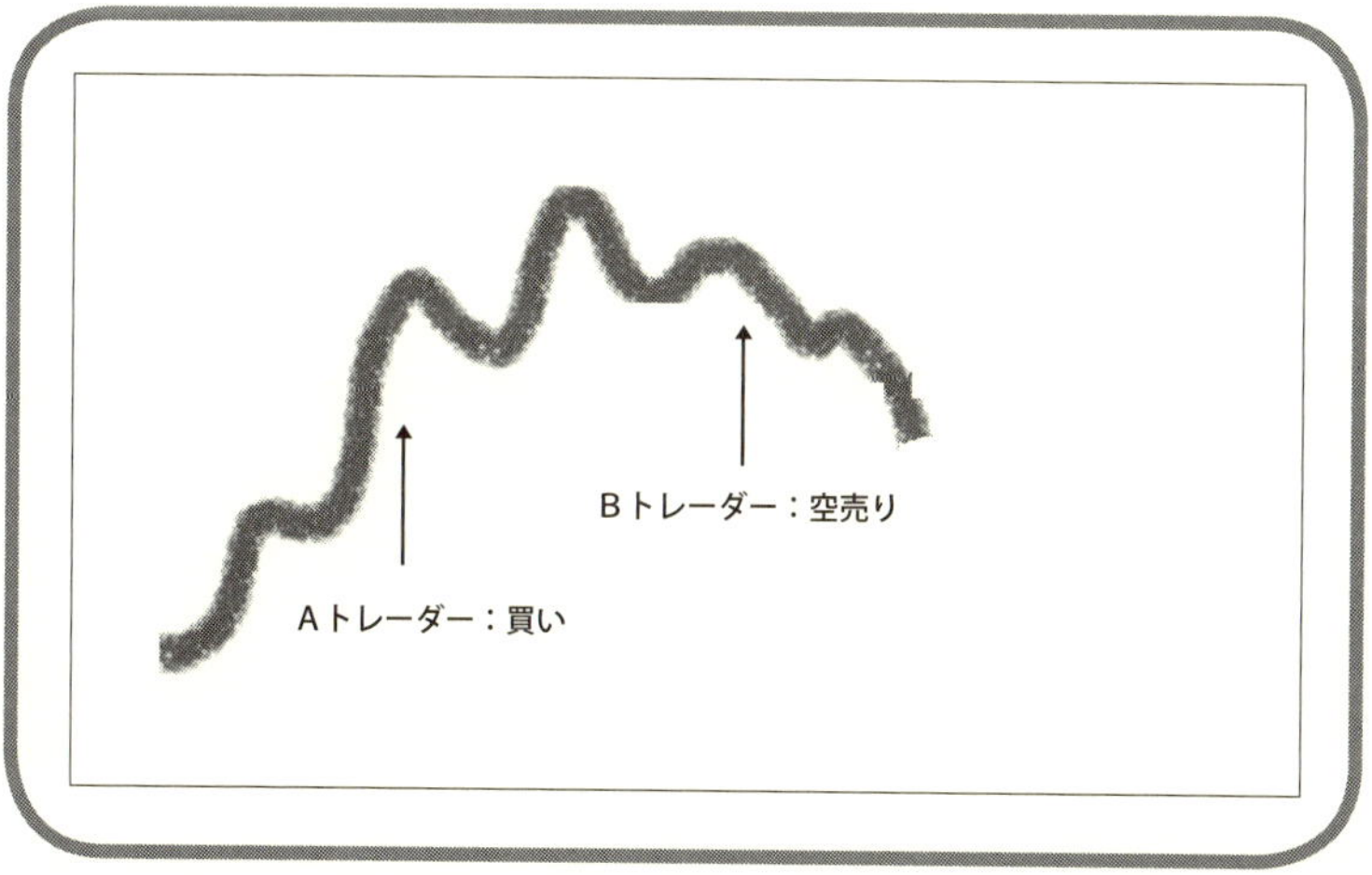

定義でいうと、「逆張り」ですね。下げ始めてから、空売りで利益を取ろうとしています。しかし、実はこれも「順張り」なのです。つまり、「順張り」の正しい意味は、『株価が上げ（下げ）始めてから、利益を取るために、買い（空売り）を入れること』です。勘違いしていた方はここで覚えてください。

「逆張り」とは

では、「逆張り」とはどういう意味なのでしょうか。

図12を見てください。

Bの空売りは、「順張り」です。明らかに下降トレンドだとわかったところで、空売りを入れてます。

では、Aの「空売り」はどうでしょうか。これが、「逆張り」です。

Aは、まだ下げ始めていないうちから、空売りを仕込んでいました。Aは、流れが上昇から下降に転じることを予測していたのです。つまり、「逆張り」とは、

『株価の上昇（下落）している中を、流れの転換点を予測して、空売り（買い）を仕込む建玉の仕方』

を意味します。「売り上がり」（株価の上昇時に、空売りを仕込むこと）「買い下がり」（株価の下落時に、買いを仕込むこと）の建玉方法です。

図 12（A は逆張り、B は順張り）

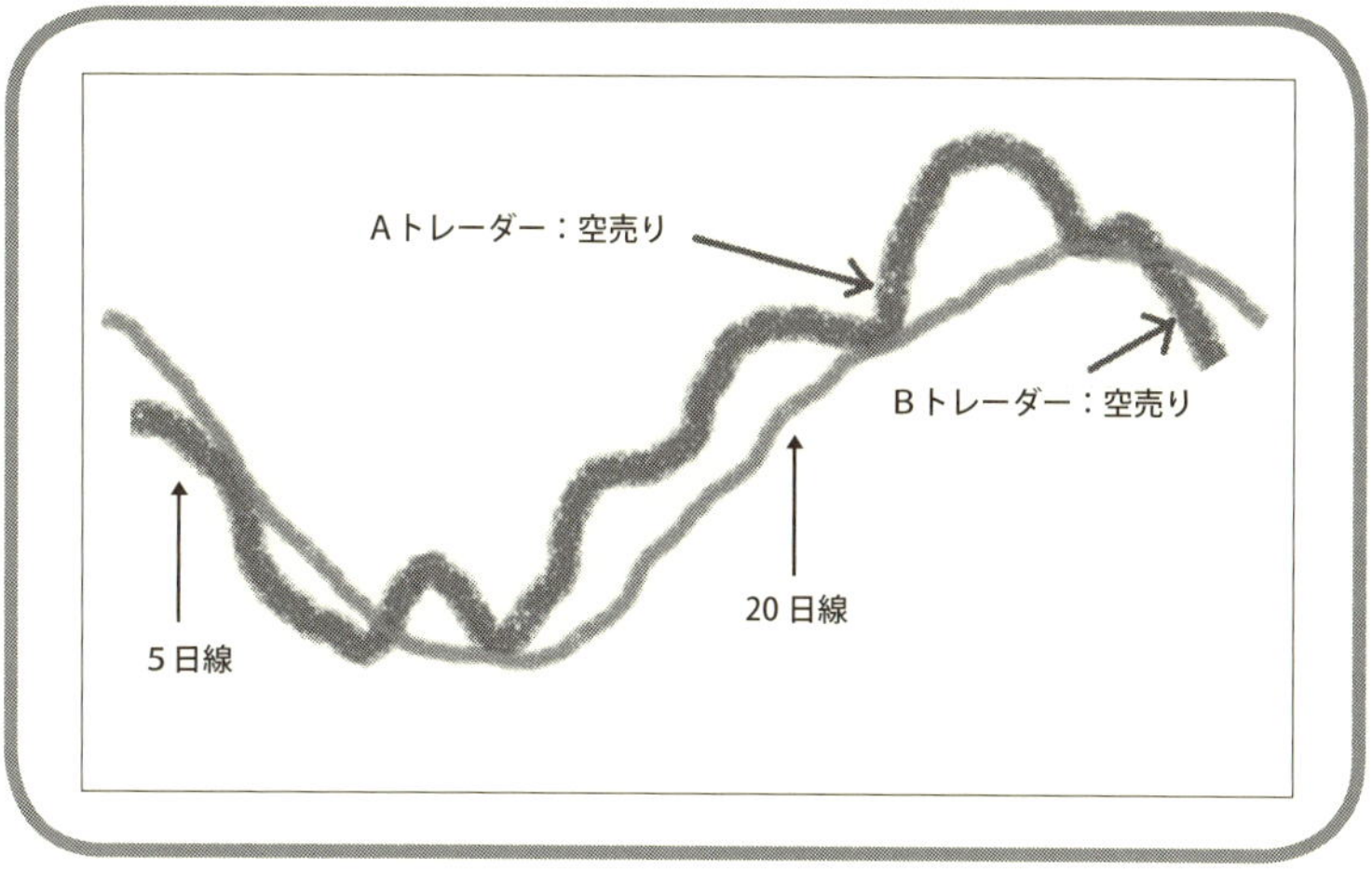

「順張り」「逆張り」の説明は以上ですが、私を含め、株のプロの9割は逆張り派です。

ここで、あなたの頭の中には疑問がわいてきます。

『どうして逆張りがプロ的なんだろう。図12でいうなら、確実に下げだとわかった時に、空売りを入れたBのほうが「確実」なんじゃないか』と。

この疑問を解決するのが105ページの図13です。

今回は、1回で空売りをするのではなく、複数回に分けて「仕込む」、よりプロの相場師の技法に近いやり方でお話しします。

なぜ、プロの9割は逆張りなのか

空売り①〜③は、トレーダー甲さんが、3回に分けて空売りを行ったことを表しています。同じように空売りA〜Cも、トレーダー乙さんが、3回に分けて空売りを行ったことを表しています。

甲さんは、株価が約2ヵ月間上昇していること、株価が上昇を始めてから20日線に2回タッチしたことに注目し、2回目タッチ以降の上昇から1回目の空売りを行いました。その後、上昇3ヵ月目を迎えた5月が近くなるにつれ急上昇を始めたことから、下落のチャンスとみて2回目の空売りを行いました。そして、株価が大きな「節目」である500円に達したことから3回目の空売りを入れました。

甲さんは、今回、

①株価上昇期間である「日柄」
②株価の急激な上昇（上昇期間の最後によく発生する）
③価格の区切り（売買の目標となることが多い）である「節目」

図13（逆張りをした甲のほうが、利益は高い）

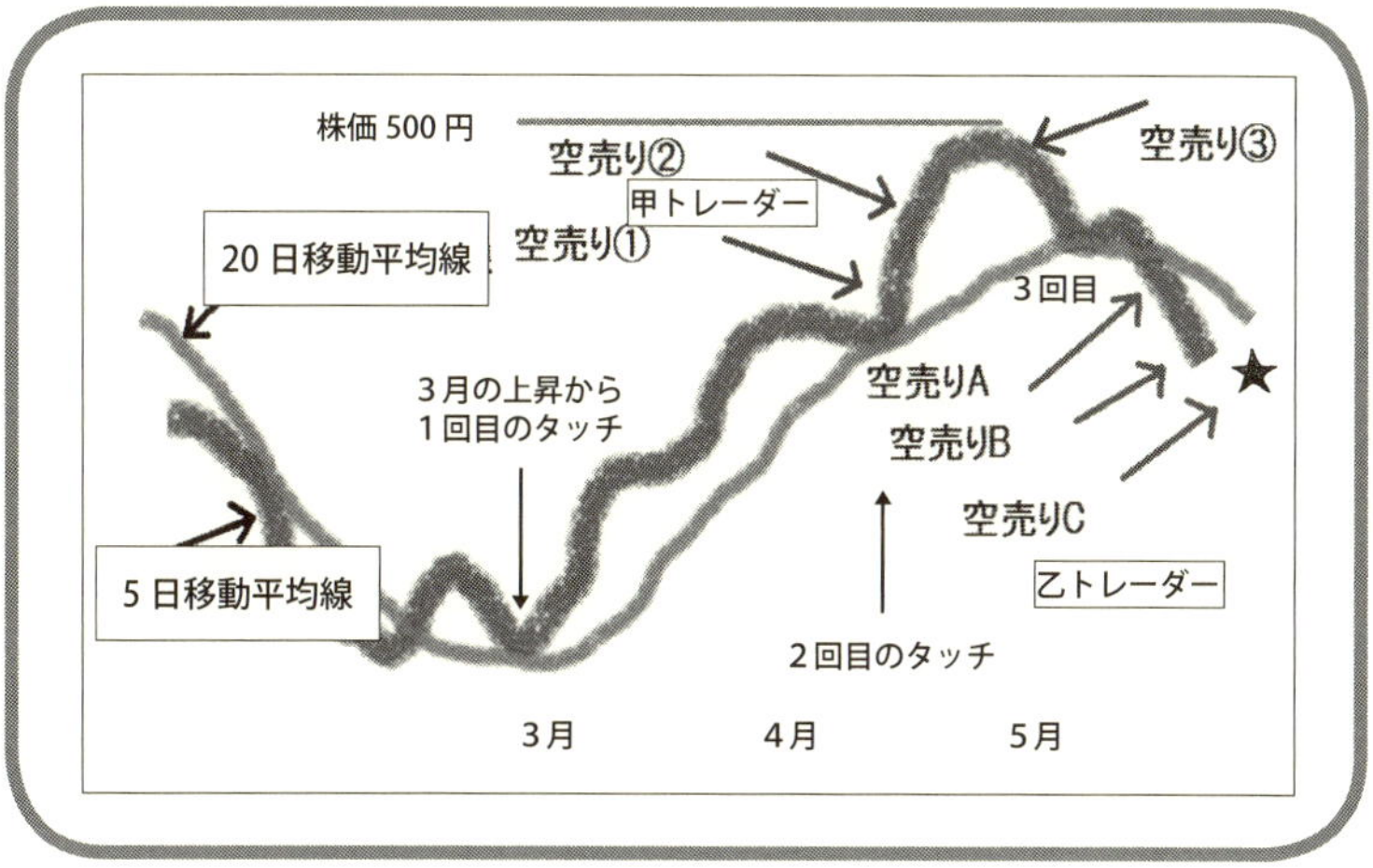

の3つから転換点を予測し、徐々に空売りを「仕込ん」でいったわけです。なかなかプロ級のトレードです。

次に乙さんのトレードである空売りA～Cを分析してみます。株価が明らかに下落を始めてから1回目の空売りAを入れました。そして、さらに下げたので「これは勢いがついてきたぞ」と2回目の空売りB。続落したのを見て「安心だ」と3回目の空売りCを入れました。

この場合、甲さんは逆張り、乙さんが順張りです。★の時点で、どちらの利益が大きいかは明らかです。甲さんは本格的に下落に転じた場面で、空売りは仕込み終わっているので、利益を多く取ることができます。

プロ相場師のほとんどが逆張り派である理

由、おわかりいただけましたか。

お勧めは逆張りと順張りの併用

さて、私も逆張り派ですが、とはいえ順張りも使います。なぜか？　簡単なことです。その方がやりやすいし、「儲かる」からです。

たとえば、図14のようなトレードをしたとします（プロは、こんな単純な買い方はしませんが）。

①～③「空売り」。これは、下落中でのトレードですから、順張りです。

④「買い」。これは、微妙ですね。上げ始めてから買っていますが、買った時の感覚としては、まだ上げるかどうか微妙なところです。逆張りといえます。

⑤「買い」。これは、Bの高値を越えたので安全性を感じて、追加の買いを入れたわけです。これは順張りです。

⑥「買い」。Cの高値を越えたので、追加の買いを入れました。越えたところを買ったのですから、順張りです。

⑤と⑥は、前の安値を割り込まず、前の高値を越えてきたところですから、上昇トレン

図14（「逆張り」だけというのも厳しい）

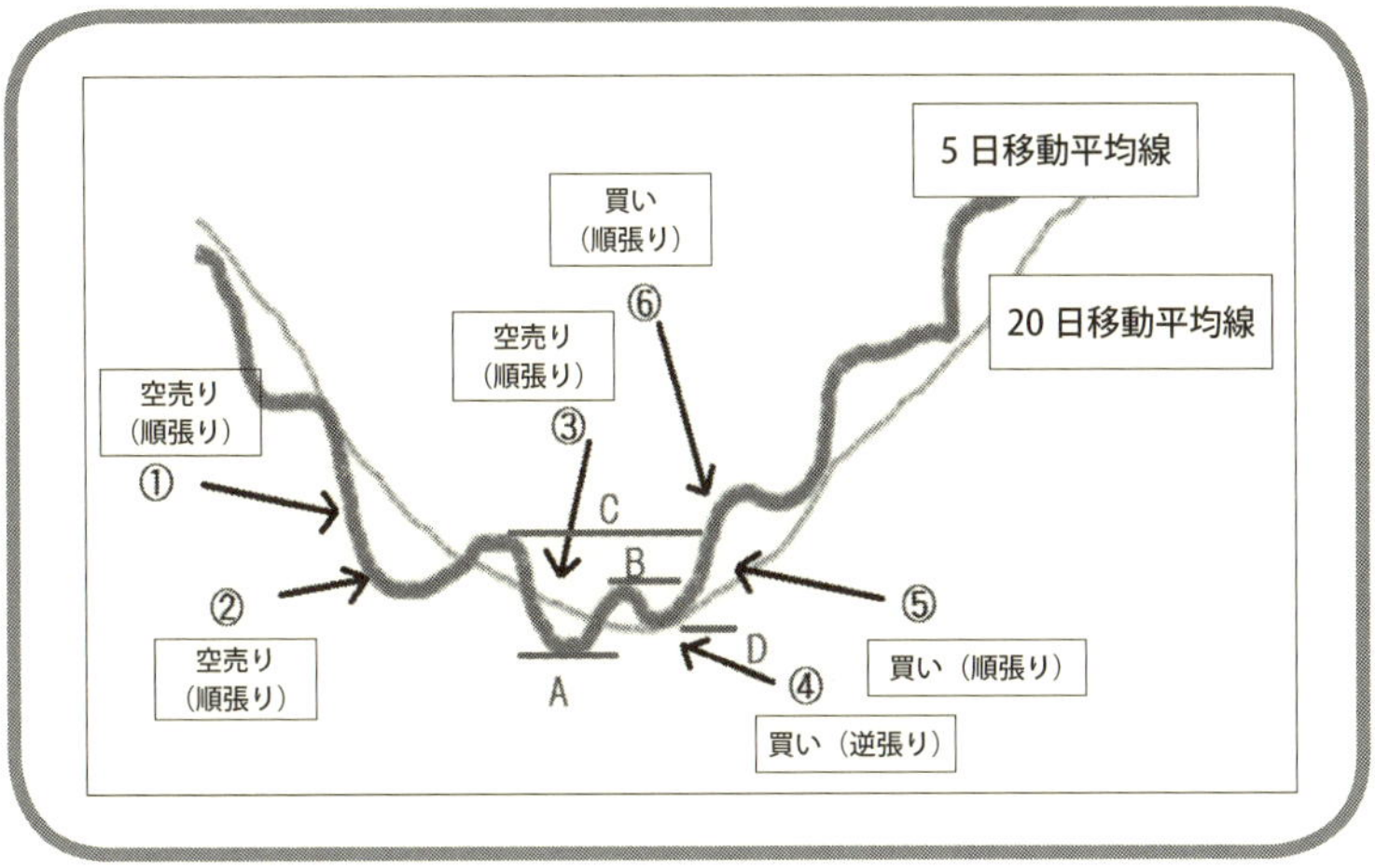

ド入りした初動のタイミングになります。
したがって、かなりの利益が見込めます。
昔の相場師は「順張りは絶対にしない！」とおっしゃられますが、それだと局面が限られてしまいます。

それなら、比較的安全に利益を追加できる場面なら、順張りもやってよいと私は考えています。順張りもうまく使えば、逆張りの利益にさらにプラスできます。

問題は、どのタイミングで入れるか、危なくなったらすぐに逃げられる態勢でいられるか、ということだと思います。

「次の次」を読む力

逆張りで利益を取るために必要なのは、「次の次」を読む力です。

逆張りは、流れの転換点の前から空売り（買い）を仕込まないといけませんから、株価の流れを読む力は必須です。いつも次の展開を考えなければなりません。

しかし、流れとは連続的なものですから、次のことを考えているだけでは、限界があります。「次の次」を考えることが重要なのです。

図15を見てください。

Bの時点で今自分がトレードしていると仮定したら、どんなことを考えますか？　素人のトレーダーは、「Bの上昇が続くかどうか」、それくらいしか考えません。

しかし、プロのトレーダーなら、

「この上昇の後の下げが安値Aを割り込まないで下げ止まったら、次の上昇は上昇トレンドの中の上昇になる可能性が高いぞ！」

「その後、1回は押す（下げる）だろうけれど、これが浅い下げでまた上昇に転じたら、相当上げるな」

くらいは最低考えます。

図 15（Bの時点でCより先を想像することが逆張りでは大切）

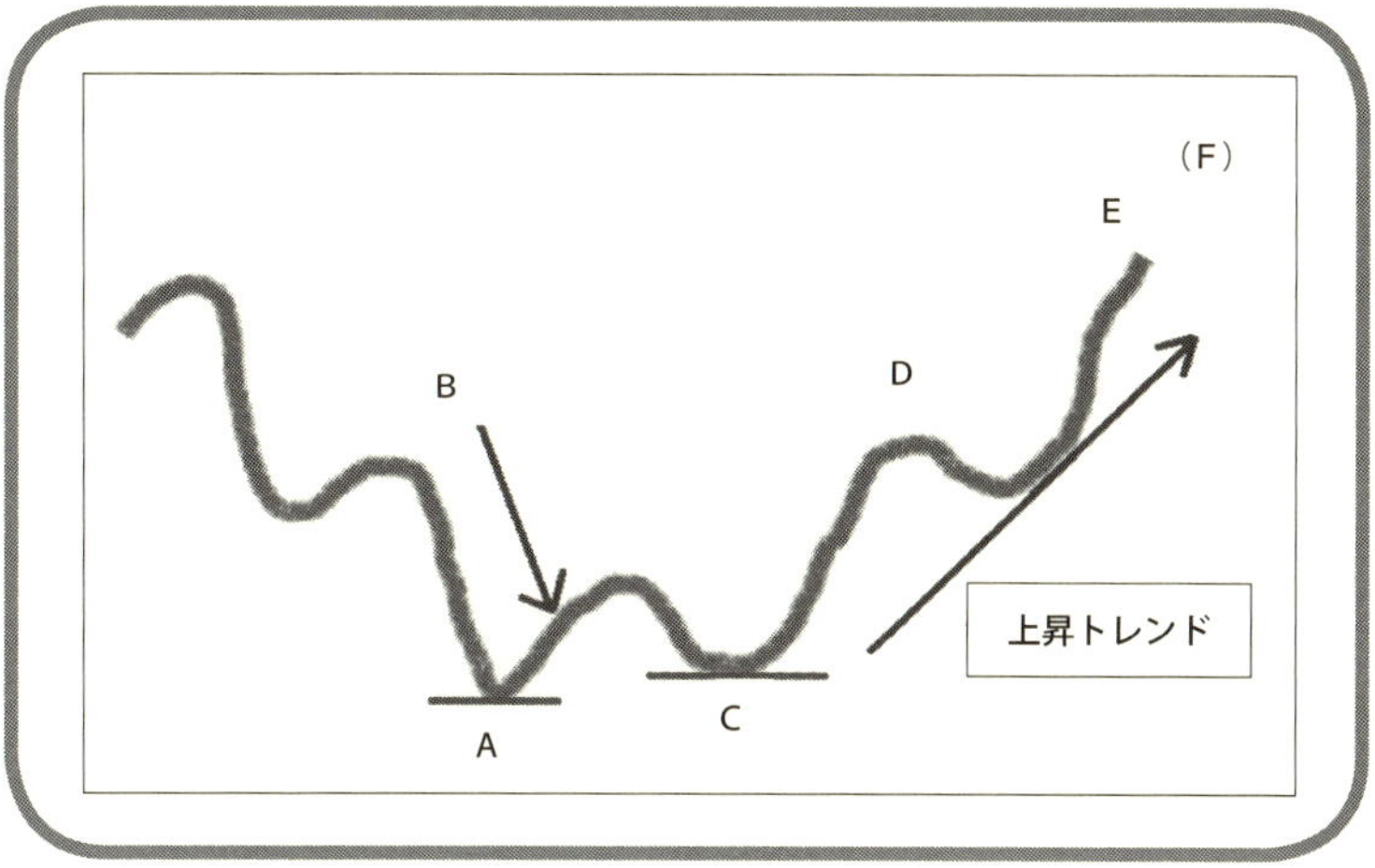

これが、「次の次」を読むということです。

もちろん、Cの時点になったら、D・E・(F)と「次の次（の次）」を考え、その時取るべき最善手を想像するのです。

つまり、ただ読むだけではなく、予測の確信具合に応じて、どのように建玉の操作を行うかも考えるということです。

「逆張り」をマスターしたいのであれば、この「次の次」を常に考えるようにしてください。

「建玉の操作」の基本形

本項では、「建玉の操作」の初歩をお伝えしたいと思います。

株価というものは、一度下げだすと、それなりに下げるものです。

「そろそろ上げるだろうと考えて、何となく買ってしまった結果、それからさらに下げて大きなマイナスを食らってしまった」

などということは、あなたももう経験済みなのではないでしょうか。

それならば、いっそ下げだしたら、まず「空売り」から入るというのはどうでしょう。いい考えだと思いませんか。そして、下げの中、複数回に分けて「買い」を仕込んでいく。

この場合、あくまでも「本玉《ほんぎょく》」(最終的に狙っている成果のための「買い」または「空売り」)は、「買い」です。

図16がその「建玉の操作」のサマリーです。

だいぶ上昇していた株価が下げてきて、遂に20日線を割り込んできました。下落がはっきりしてきたようです。このタイミングを起点とするトレードプランは、

『今下げている。だから、この下げを観察しながら、次の上昇で利益を得るために「買い」を仕込む』

図 16（「建玉の操作」の基本形）

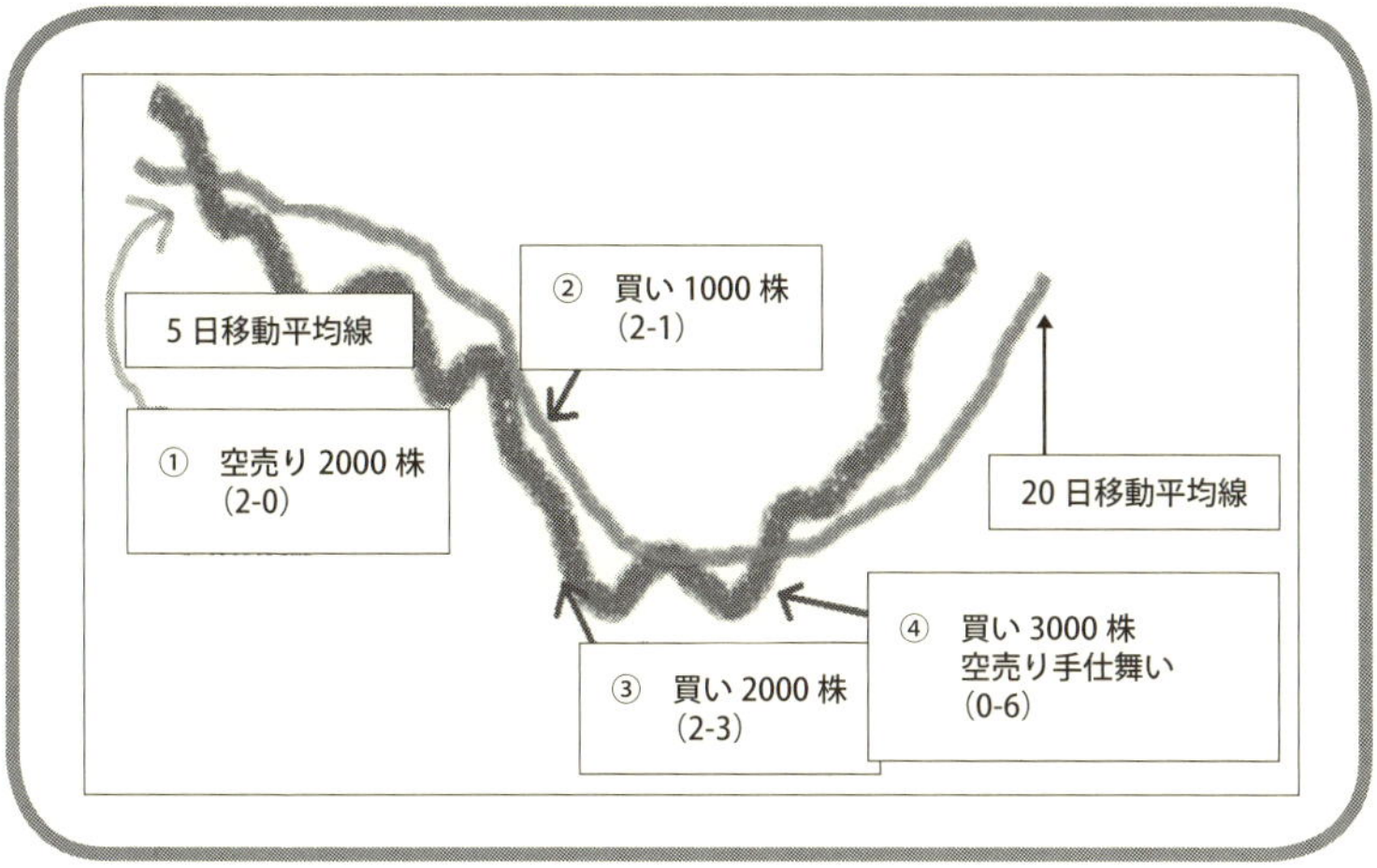

というものです。このプランが一番有効です。

一方、「下げているのだから、この下げで利益を得よう」という方針もあります。しかし、これは順張りの中でも、ハイリスク・ローリターンな順張りなので、メインのプランにはしないほうが得策です。

さて、前者のプランを詳しく説明しましょう。

①2000株の空売りを入れました。

② ①で入れた空売りを保有したまま「買い」を1000株入れます。この段階でのポジションは2－1（空売り2000株・買い1000株）です。

どうして、1000株しか買わなかったのかというと、仕込みの第一段階だからです。空売りのほうが多く入っていますので、このまま下げてもトータルでの損失は発生しません。

さらに、これからの下げで買い1000株分がマイナスになりますが、空売りの利益は増えていきます。しかも、この買い1000株はやがて株価が上昇トレンドに転換した後、利益になってくるので問題ないのです。

③「買い」を2000株追加します。ポジションは2-3（空売り2000株-買い3000株）。

この後の上昇が20日線を越え、次の下落が前の安値を割り込まなかったので、

④で、空売りを手仕舞い、買いを3000株追加しました。

この段階でポジションは0-6（空売り0株-買い6000株）となります。

実際のトレードはもう少し複雑になりますが、だいたいのストーリーはこのようになります。

ポイントは、下げていくところです。まず下げを取りながら、その「利益」による「安心感」を背景に、買い下がる（株価が下がるにつれて、買いを仕込んでいく）というところです。

どうですか？　目から鱗《うろこ》が落ちませんか。感動しませんか。

一発買いの怖さ

「①で空売りを6000株入れればいいじゃないか」という人には「実際、やってください！」というようにしています。

リアルトレードでは、怖くてできませんから。

「できます！」と言い張るなら、その人は実戦経験が少ない素人さんです。

図16のやり方でも、初めはおそるおそる「買い」を入れます。そして、株価の流れを観察しながら、徐々に下げ止まりへの確信を得ながら、そのたびに「買い」を重ねていくという方法です。練習次第で多くの方ができるようになり、継続的に利益を重ねられるようになっていきます。でも初めは皆、下落トレンドで「買い」を入れるのをとても恐がります。これが現実です。

「こんな面倒なことをしなくても④で6000株買えばいいことじゃないか」

という人もいると思います。これもド素人。自信を持って言います。できません！

図16は全体が見えていて、すでに上がることが見えているから、そのようなことが言えるのです。

実際は、毎日その日までの株価しかわかりません。次の日の株価を予想するのは、暗闇を手探りで進むようなものです。わからないから慎重に分割するのです。

実際のトレードでは、図16のように動くとは限りません。③で上昇へ転じてしまうこともあるし、④でさらに下げてしまい、その下げの次に上昇に転じたりもします。このような不確定な動きの中で、日々観察しながら仕込んでいくのです。

囲碁や将棋やチェスに似ていますね。相手の動きにあわせてその都度、探りながら相手をツメていく。相手の動きを完全に予測することはできなくても、勝てる人は勝てるし、強い人は強い。

強い人全員の特徴は、一生懸命研究し、練習をしている人です。

あなたもどうせチャレンジするなら、本物を目指してください！　一生ものの「技術」を身につけようじゃありませんか。

少し高度な建玉の操作

あなたもだいぶ建玉の操作の考え方に慣れてきたと思います。

ここで少し複雑な建玉の操作を考えてみましょう。

図17（より実践的な「建玉の操作」）

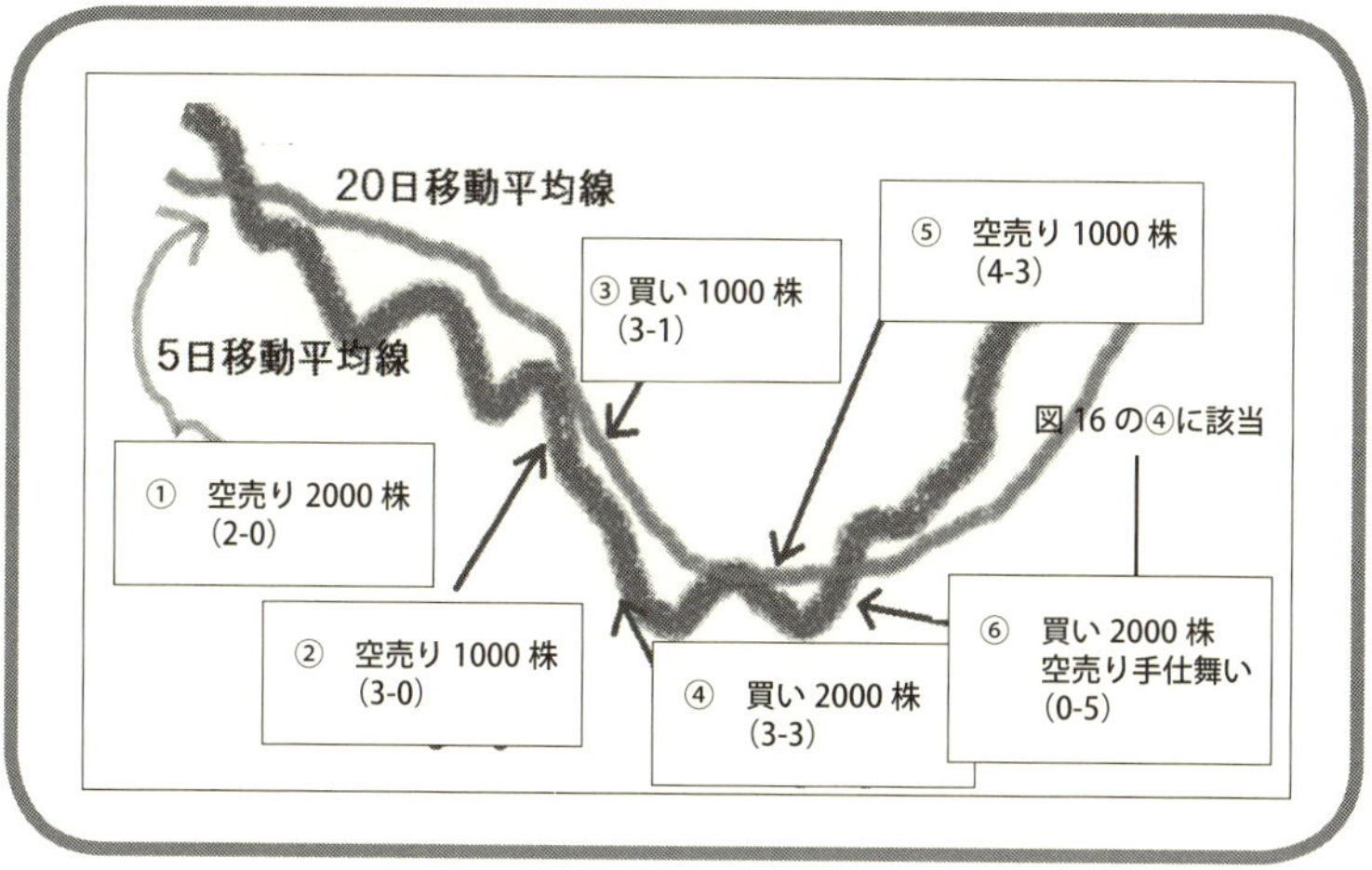

図17を見てください。図16に比べて仕込みがより細かくなっています。この図が何を表現しようとしているのか、深く考えてください。この本は読み物ではありません。株の「技術書」です。読み進めることに意義があるのではなく、深く理解することに意義があるのです。

ポイントは、111ページの図16との違いを明らかにして、その理由を探ることです。

違いは図17の②と⑤と⑥ですね。

②は、下落途中買いを入れる前に、前の安値を割り込んだので空売りを追加して、2-0のポジションを3-0にしています。これは、実際のトレードはよくやることで、これで命拾いすることがよくあります。

次に③で最初の買いを入れ、④でさらに追加します。

次に⑤。20日線を少しだけ越えましたが、また下落してきたので前の安値までで下げ止まるかどうか探りながらも、「仕込ん」できた買いを守りたい。だから、（ヘッジ）空売りを入れました。前の安値で下げ止まらず、さらに下げてしまうかもしれませんから。

この⑤の時点でポジションは4－3ですから、このまま下げてしまってもトータルでマイナスにはなりません。
⑥は、図16において④に該当します。
図16の④では3000株の買いを追加していますが、⑥では買い2000株の追加にしています。

ローソク足の雰囲気では、3000株でなく2000株の場合もあります。

もう一度下げる雰囲気というのがあります。その場合には買いは少なめにしておきます。

「節目」を使って「底」を捉える

基本的な建玉の操作とやや複雑な建玉の操作を理解していただいた後は、あなたがいつも苦労している「底」の捉え方についてお話ししたいと思います。

使う道具は、①移動平均線（5日・20日）、②ローソク足、③「節目」、④前の安値です。「節目」というのは、前にもお話ししましたが、ここで少し詳しくご説明します。

一番重要な「節目」は、1万円。その次が5000円。その次が1000円。その次が500円。その次が250円。その次が100円。その次が50円、その次が25円、その次が10円。その次が5円。

「節目」だらけじゃないか！　と思われたと思います。

安心してください。いつも全部使うわけではありませんから。

まず、「節目」自体の使い方についてお話しします。

りますが、ここではそれまでの値動きの「節目」を探し出してトレードに活用する方法を説明しましょう。

「節目」の使い方　実践編

たとえば、株価が340円だった銘柄が350円近辺になると動きが変わるとか、株価が2600円の銘柄が3000円近辺で頭打ちになり、下げ始めるとかいうことがよくあります。

この株価の動きの性質を利用してトレードをするのです。

私が主宰している「株塾」での2016年のテーマのひとつにこの『「節目」の有効活用』が入っています。塾生は「節目」活用を究めるべく日々課題に取り組んでいます。

2016年2月16日まで続いた日経平均の大きな下落も、1万5000円という大きな「節目」を意識していました。実際、あの場面で、多くの塾生は空売りの大部分を手仕舞い利益確定し、買いを入れることができています。

さて、「節目」の使い方ですが、あなたがトレードする銘柄の株価によって使い分けます。

チャート⑥-8を見てください。

たとえば、ソフトバンクグループをトレードしようとした場合、2016年1月4日の終値は5993円でした。約6000円の株価がついている銘柄ですから、5円単位で「節目」にすることはできません。平気でとおり過ぎてしまいます。

「節目」の目安はその銘柄の株価の5%がいいと思います。株価は6000円ですから300円ですね。ただ、300円という区切りで株価の動きが変わることはあまりありま

チャート⑥-8（9984 ソフトバンクグループ　2015/12～2016/4・日足）

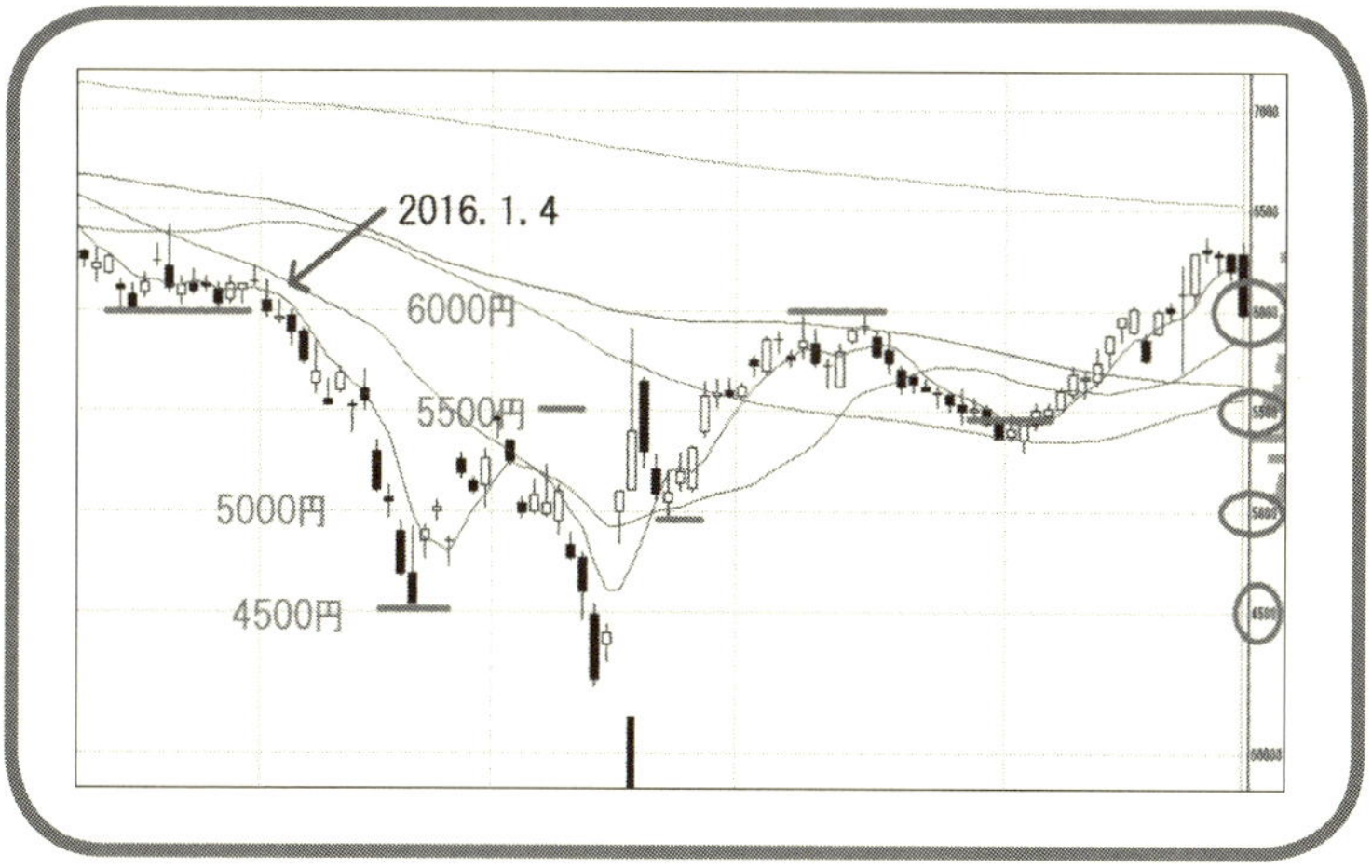

せん。300円という金額近辺の500円が注意すべき「節目」候補です。

1月4日の終値が5993円で、下落途中ですから、この日から見て下落の第一目標は5500円ということになります。5500円近辺を、下げ止まりの可能性を探る場面と考えるわけです。そして、逆に5500円を割り込むと、さらに下げると見て空売りの追加をすることになります。

次の下げ止まり目標は5000円です。この5000円という株価は非常に重要です。500円ごとの区切りの株価であるだけでなく1000円という500円よりさらに大きな区切りの株価ですから、下げ止まる確率は高まってきます。これも割り込むと追加の空売りを入れます。次の下げ止まり目標は？

そう、4500円になります。

実際下落は４５００円で止まり上昇に転じました。今ご紹介した見方は「節目」だけを使っていますが他の方法も併用して、なおかつ、建玉の操作を行うことで、この下落と次の上昇を取ることができます。

「底」のロールモデル

「節目」の説明が長くなってしまいましたが、「底」の捉え方に入ります。

「底」にも大きな下落の後の「底」と、小さな下落後の「底」とがありますが、123ページ図18αでは、共通の標準的なストーリーをお話しします。

それでは、想像力を豊かにして読み進めてください。絶対に手抜きをせずに一歩一歩イマジネーションを働かせながら読み進めること。あなたが一生ものの「技術」を身につけるためです。

図18αより前の経過はこんなストーリーでしょうか。

「株価が5日線を陰線で割り込んできた。さらに下落して20日線にタッチした。ここでいったん上昇に転じる。ところが、早くもふたたび20日線まで下げてきた。陰線で20日線を踏んでいる（割り込んではいない）。翌日、陽線となり再度上昇。ところが、3日経過後また下落。これは、弱ってきたな！　ここから本格的な下落が始まるはずだ」

ここまでが下落に至る流れです。あなたもだいぶわかるようになってきたはずです。

そして、いよいよ「底」を目指します。図18αです。①は1日目、②は2日目を表しています。

「底」のストーリー

『20日線を割り込んで下落。陰線が4日連続で続く。ローソク足はずっと5日線の下にある。

5日目、陰線ながら始値は5日線の上に出た。終値は5日線割れ。下げて陰線だがこれは「変化」だ！

6日目、陰線で下落。

7日目は陽線。久しぶりの陽線だ。これも「変化」！

8日目、陰線。がっかり。だが、ここでがっかりしてはいけない。「変化」が続くなか、こんなことは当然ある。

9日目、陽線で5日線に接した。「変化」！

10日目、また陰線。

11日目、陰線だがローソク足が5日線の上に出た。「変化」。いままでローソク足が全部5日線の上に出たことはなかった。

12日目、陰線で下げたが前の安値を割り込んでいない。

13日目、陽線で5日線を踏んだ。

14日目、陽線で5日線の上に出た。ローソク足全部が出た』

株価が「底」を打つまでにはこのような「変化」を経る必要があります。これとまったく

図 18 α（「底」での「株価の流れ」の読み方）

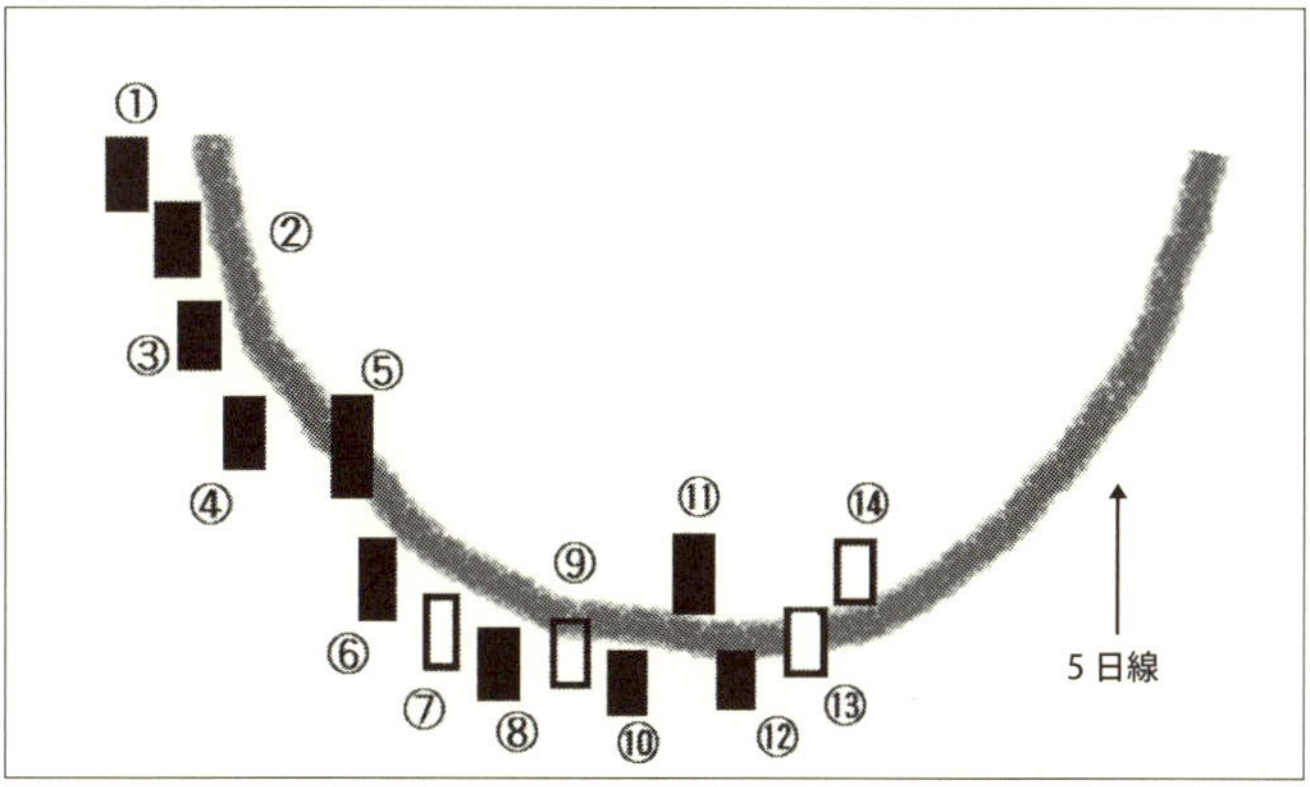

同じ道のりをたどるわけではありませんが、まさに徐々に下げが収まってくる感じですね。

ですから、最初に「変化」があった後、下落してしまっても、それはネガティブ方向に動いているだけではなく、その背後で上昇への芽が育っているということです。

これを受け止める感覚を養う必要があります。

では、この「底」への動きの中で、どのように買いを「仕込ん」でいくのがよいのでしょうか。「底」を取る「建玉の操作」について考えてみたいと思います。

図18βを使ってお話しします。わかりやすいように図で使っている①〜⑭に沿って説明していきます。

「底」で仕込む建玉の操作

①実際はもっと早い時期から下落を察知して空売りを入れていると思いますが、ここでは便宜的に①で空売りを入れたとします。ポジションは3‐0（3は任意で2でも1でもよい、中級レベルでは、それなりの方法があるが…）。

②継続。ポジションは3‐0のまま。

③窓を開けて下げたので空売りを追加してみます。ポジションは5‐0。まだ下げ始めなので追加はありです。

④続落だが様子を見よう。

⑤お！　陰線ながら5日線を踏んでいる。始値は5日線より上だった。これは「変化」。上昇への布石か。明日寄付で買いを2000株入れてみよう。

⑥予定どおり、今朝寄付で2000株買った。ポジションは5‐2。買いを入れて陰線。素人なら、買いを入れたのに陰線で下げたのだから、落ち込むだろう。しかし、プロからすると、買いを仕込んでいる状態だからこれでよい。

追加の仕込みを入れる期間が長引いたのだ、と考えるとむしろ嬉しい。できれば、ここからは「上げる素振り」を示しながら、急には上げず、日々「底」を「固める」動きをし

図18β（「底」での「建玉の操作」）

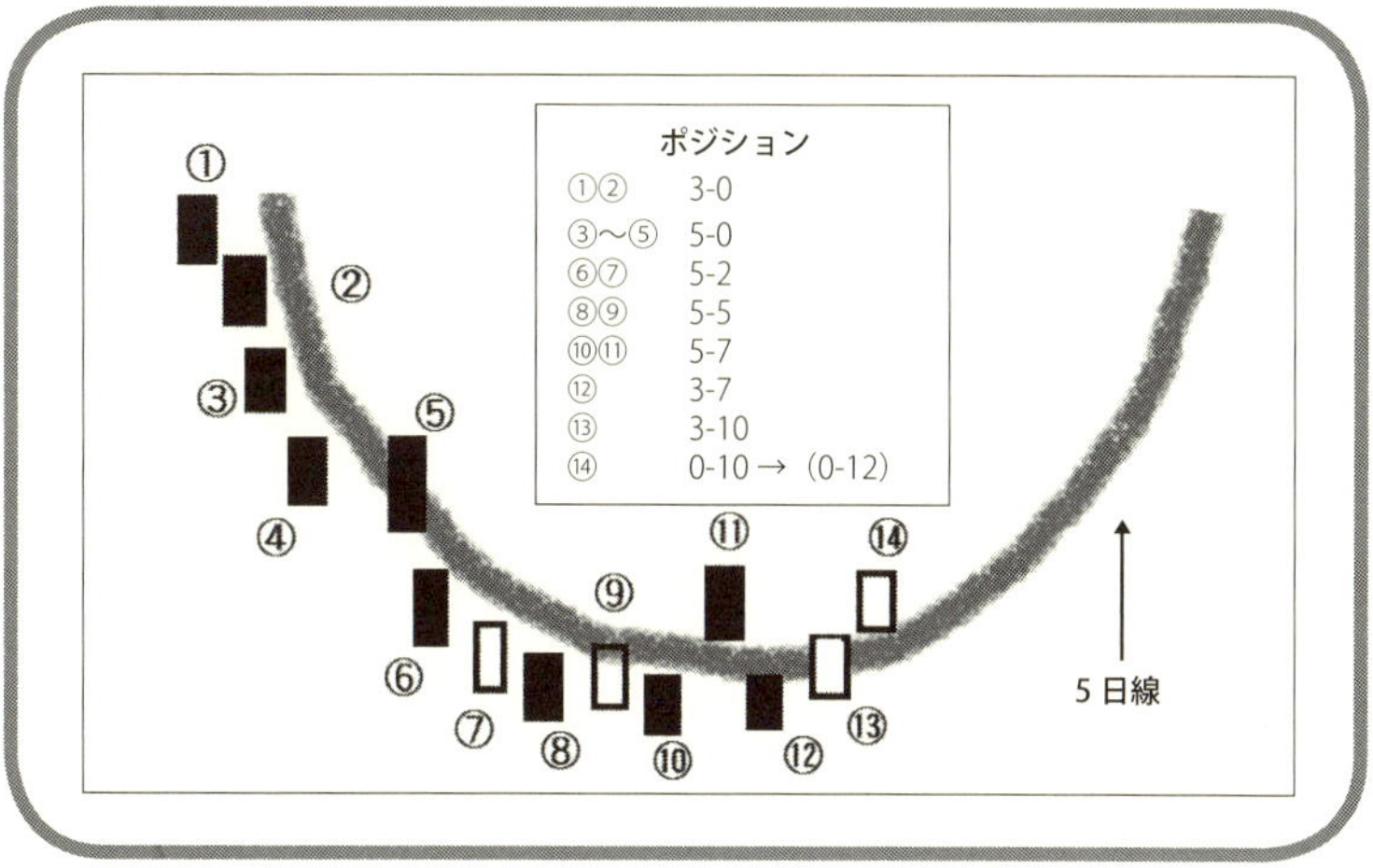

て、仕込む機会を増やしてほしい。

⑦陽線が出た。しばらくぶりの陽線だ！　市場に「変化」が起きている。明日寄付で買いを入れてみよう。

⑧予定どおり、今朝寄付で買いを3000株入れた。ポジションは5・5だ。どうして前回は2000株の買いを入れたのに、今回は3000株なのか。1回目より下で多く買うことにより、持ち株の1株あたりの平均取得原価を下げることができる。これもプロのやり方だ。

今日は陰線で下げたが⑤で5日線を踏んでいるし。⑦で陽線が出ている。市場に「変化」が起きている。遅かれ早かれ、上げ始めると考えられる。しかも、現時点でのポジションは5・5。下げれば空売りの利益が増える。その分買いのマイナスが増えるが、状況は上昇に向かいつつあるから、この買いはいずれ生きてくるはず。大丈夫。

⑨きたっ！　陽線。これで、⑦陽線、⑧陰線。ここ3日は、陽線‐陰線‐陽線と、「陽線がち」になった。これも「変化」だ。ローソク足も5日線にタッチしている。いよいよか。

明日、買いを入れたいが、今までと状況が違う。何が違うのか。明日、買いを入れることで買いの方が多くなる。ここで下げに対するリスクを負うことになる。

しかし、利益を得ようとするのだからリスクは負わなくてはならない。明日2000株買ってみよう。

⑩ドキドキの買い追加だったが陰線。いいんだと思いながら不安も残る。でも、練習どおり。これでいいんだ。この気持ちが本番と練習の違いだ。先が見えないから怖い。

今朝2000株買いを追加したことで、ポジションは5‐7となった。2000株分買いのほうが多いからその分リスク。⑦〜⑩とローソク足がほぼ並んだ。悪くない！

⑪おおっ！　いきなり5日線越え。でも陰線。この辺で空売りを少し手仕舞っておこう。明日、寄付きで2000株手仕舞い。

⑫予定どおり、空売りを2000株手仕舞った。これでポジションは3‐7。今まで体を覆《おお》っていた鎧兜を少しはずした感じ。身体に風が当たるようになった。ということは敵が攻めてきたら危険でもある。

だが、動きは明らかに「底練り」の動きだ。陽線が出現するようになったし、ローソク足は横並びになってきた。⑪では、陰線ながらローソク足全体が5日線の上だった。そして、今日のローソク足の下値は⑩の下値を下回らなかった。

明日、寄付きで買いを追加してみよう。
⑬よぉーしっ！　もうこれでいけそうだ。今朝予定どおり買い3000株追加した。かなり攻めに入っている。明日以降この1週間の安値を下回るようなことがあればいつでも空売りを追加して、買いの一部（最初に買った2000株）を手仕舞う覚悟をもっていなければならない。今日でポジションは3‐10。明日、空売りをすべて手仕舞うぞ。
⑭今朝、予定どおり空売りをすべて手仕舞った。これでポジションは0‐10。明日2000株の買いを追加しよう。

以上、「底」を取る建玉の操作の一例を紹介しました。これはあくまでも一例でいろいろなやり方があります。私がやってもその時その時によって微妙に変わってきます。しかし、本筋や流れはおおむね以上のようになります。

最初は私のやり方を真似しながら、練習と実戦を重ねるにしたがって、ご自分のやり方を確立していくのがいいと思います。

「天井」で仕込む建玉の操作

今度は天井近辺で、空売りを仕込んで「下げ」を取る建玉をお見せしましょう。

図19にそのモデルをやや実戦的に表してみました。

買いで上昇を取ろうとしている時、株価が一度も下げずに天井まで上昇することは、まずありません。下げが一時的と考えて、買いを手仕舞わず保有したまま、空売りを入れて凌ぐ場合があります。保険としての空売りですね。

よく考えながらついてきてください。株塾の合言葉に「THINK THINK THINK」というものがあります。世界のＩＢＭの社内にもこの「標語」が掲げられています。

さて、考察です。上昇を始める前の安値は４５０円です。１１７～１２０ページの「節目」で話したとおり、この価格帯の銘柄にとって、50円というのは10％にあたりますから重要な「節目」になります。したがって、ここからの上昇の目途《めど》は５００円近辺と予測します。

いつもというわけではありませんが、上昇は、約３ヵ月間が相場です。４５０円から５００円近辺まで約3ヵ月かけて上昇というのが、基本ストーリーとなります。

さて、図の説明です。

図 19（「天井」での「建玉の操作」）

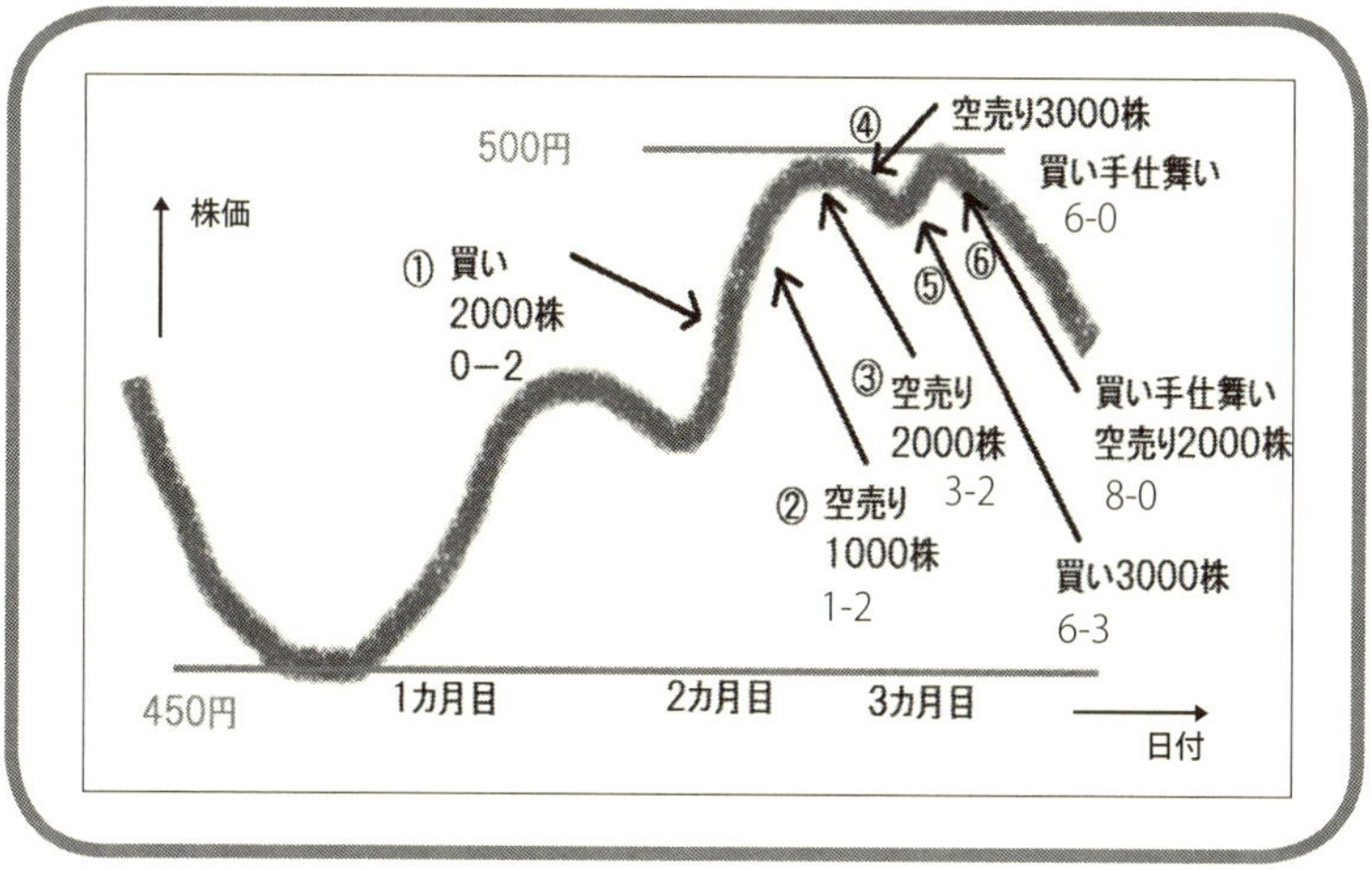

①2000株の買いです。

本当は、この辺りで初の仕込みの空売りを入れたいところです。しかし、リスク面、精神面の観点から「買い」から入るようにします。「買い」の利益を重ねながら、空売りの仕込みをしようという作戦です。

②いったんの押し（上昇中の一時的な下げ）からの復活上昇。

その後、上昇の勢いが急になったところで、仕込みの空売りを入れました。これが②の空売りです。

③2回目の空売り2000株は、②より株価の高いところで入れるのが基本です。

1回目の空売りよりも高いところで入れることで、保有空売り株の平均値が上がります。

④では株価が500円という重要な「節目」に達して下げ始めたので、売りを3000株

追加して、ヘッジの買い（今回は「買い」が保険の役割を果たしています）を手仕舞いました。

この時、ポジションは6・0になりました。

しかし、この0（ゼロ）は上げ始めたらいつでも「買いヘッジ」を入れてやるぞ！　という0です。

単に「静止」している0ではなくいわば『「動」のある静』を意識しています
⑤さっそくこれを発動し「買いヘッジ」を入れています。
この時のプロの頭の中は、500円近辺でどうなるかを見極めて、新たな行動を起こすことを考えています。

500円に届かずふたたび下落すれば、500円越えトライ2回目で下落ですから、本格下落が読めます。

もし500円を越えれば、さらに上を目指す可能性が出てきます。
⑥では、500円を越えられないことが鮮明になってきましたので、買いヘッジを手仕舞い、空売りを追加しています。
この「売り上がり」（株価が上がるにつれて、空売りを仕込んでいく）の考え方、「天井」での建玉の操作をよく理解しておいてください。

何度も読み直し、考え、深い理解をお願いします。

くれぐれも流して読んでしまわないように！　せっかくここまであなたが費やした時間が無駄になってしまいます。

取引可能な時間

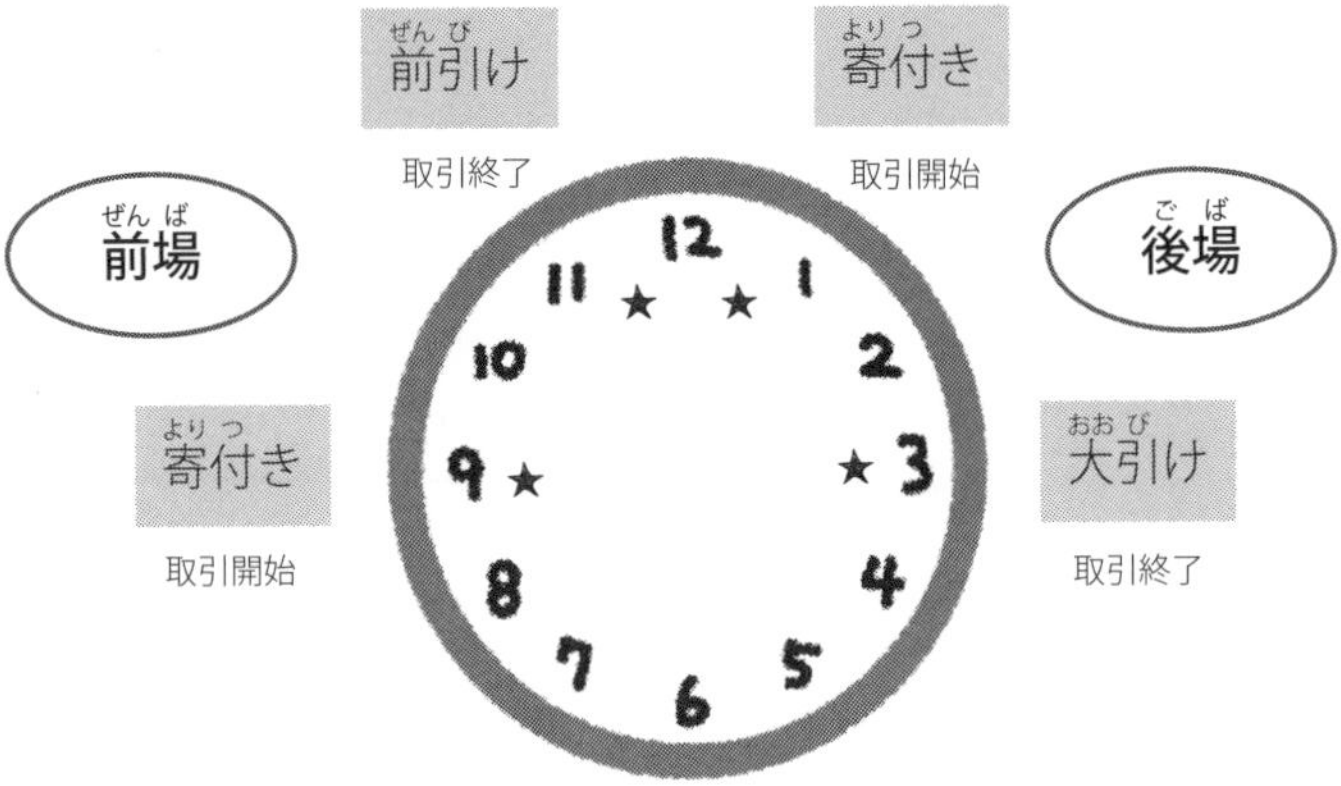

※図は東証の取引時間

東京証券取引所（東証）で取引可能な時間は、毎週月曜～金曜の9時～11時半（前場）、12時半～15時（後場）。

ネット注文なら24時間、休日でも受けつけてくれる証券会社はあるが、取引が成立するのは、前場・後場の時間内に限られる。

本書の技術にふさわしい投資時間は、大引けでできたローソク足を分析して、翌寄付きまでに注文をするスタイル（202ページ参照）。

第8章

建玉の操作②

暴落には「予兆」がある！

想定外の下落にも「建玉の操作」が効く！

株価は売買の需給、会社の業績、社会情勢、人の思惑、その他多くの原因が複雑にからみあうので、ある程度予想はつくとしても、想定外の動きをすることもあります。

そんなとき、何もしなければ利益を得るどころか、損失を被《こうむ》ってしまいます。

たとえば、こんな事例です。

『株価が下げてきたので、いつものように売り（空売り）から入って、下げの中で「変化」を見つけながら買いを仕込んでいきます。株価も落ち着いてきて、5日線にタッチすること3回。これはいける！　と買いをそこそこ仕込んでいます。

今のポジションは、0‐10になっています。

ところが、今日はこの5営業日で並んでいたローソク足が、下値を割り込む陰線になってしまいました。ヨーロッパの財政赤字がふたたび表沙汰になって東京市場にも影響を与えたとニュースでは言っています』

こうなると、

「やはり、会社業績や経済情勢などを考慮したほうがいいじゃないか！　相場師朗は、すべてはチャートに表れるから、そんなの気にするな。チャートだけを見てトレードしろ、と言ってたけど違うじゃないか」

と非難されそうです。

でも、これは違います。

地政学的リスクの発生やヨーロッパの財政問題は、出てきては消え、を繰り返しています。この「発生」のタイミングは、我々一般人では事前にわかるものではありません。

そうであるならば、個人があれこれ詮索《せんさく》しても時間の無駄です。おとなしく徹底チャート主義でいきましょう。ほかにも、理由はふたつあります。

徹底チャート主義を勧めるふたつの理由

まずひとつ目の理由は、チャートを徹底的にみていれば、暴落の「予兆」を読み取れる可能性は高いからです。

日々、「これは変化だ！」「これも変化だ！」とチャートの「変化」に気づいているうち、自然に「この先株価が下げる可能性がある」とか「何となく上昇の雰囲気だな」などと感じられるようになります。

そして、建玉の操作をしていたら大幅下落の前に空売りが入っていたとか、大幅上昇の前に買いが仕込めていた、というようなことになるわけです。

「予兆できなかったときはどうするんだ！」

という声が聞こえてきますが、大丈夫です。

次が私が徹底チャート主義を勧めるふたつ目の理由です。

「建玉の操作は、予兆なしの暴落で損失を被ってからでも十分挽回可能」なのです。

「これだけ下げた後だからここからの空売りは危ない。このまま様子をみよう」

などと対処をしないトレーダーが多いようですが、「事故」が起きたら救急車を呼んで警察に連絡すべきですよね？　塾生にも口が酸っぱくなるほど言っています。

対処の基本は、「前の安値を割り込んだら、ヘッジの空売りを入れろ！」です。

簡単なようで、これがなかなかできないのです。

「ヘッジの空売りを入れた後、上がったらどうしよう」という気持ちが働くからです。

優秀な部類に入る塾生でも、このような考えに陥り、ヘッジが入れられないことがあります。

では、これを克服する方法は？

練習です。とにかく練習なんです。ある塾生は、私の勧める練習法を150回やった後、「もういいだろう。充分だ」とそこから先は練習をしませんでした。

しかし、ある時から再度同じ練習を始めました。その塾生の感想です。

「500回やってみたら、150回でわからなかったことが、わかるようになりました」

私が新年会や忘年会で配った湯呑みに書いてある言葉は、「練習 練習 練習 練習 鍛錬 鍛錬 鍛錬 相場師朗」です。それくらい練習が必要なのです。

本題に戻りましょう。まずは暴落の予兆例を紹介します。しかも、その予兆を感じながら「建玉の操作」をしていたら、大幅下落で利益を得てしまったというパターンです。

暴落時の株価の流れ

139ページのチャート⑧-1を見てください。

このチャートの中央、やや右側に★印がついているところがあります。この日は

2012年10月12日です。この日の株価は前日に比べ大きく下落しています。この日は、ソフトバンクが米大手通信会社スプリント社の買収に動いている、との報道がされた日でした。株式市場ではこれがソフトバンクの重荷になる、との見方からストップ安寸前まで売り込まれたものでした。

この暴落前後のソフトバンクの株価の動きを検証してみます。

①「1ヵ月」、「2ヵ月」、「3ヵ月」と3ヵ月間で大きく上昇してからの下落です。3000円という「節目」を越えた後に、20日線を割り込みました。

②株価は復活上昇し3250円という「節目」をうかがいますが、なかなか越えることができません。そして、2度目の20日線割れです。60日線までは下げず、ふたたび上昇に転じました。

③その後、上昇に転じ3250円の「節目」を越えますが、

④までの下げで力尽きます。20日線だけでなく、60日線をも割り込んでしまいます。「株価の衰退」を感じます。

①と②の時間的間隔よりも②と④の時間的間隔のほうが短くなっています。この動きからは、「もしこのあと上昇することがあっても、すぐに20日線まで下げてしまうであろう」

チャート⑧-1（9984 ソフトバンクグループ　2012/5/15～2012/12/24・日足）

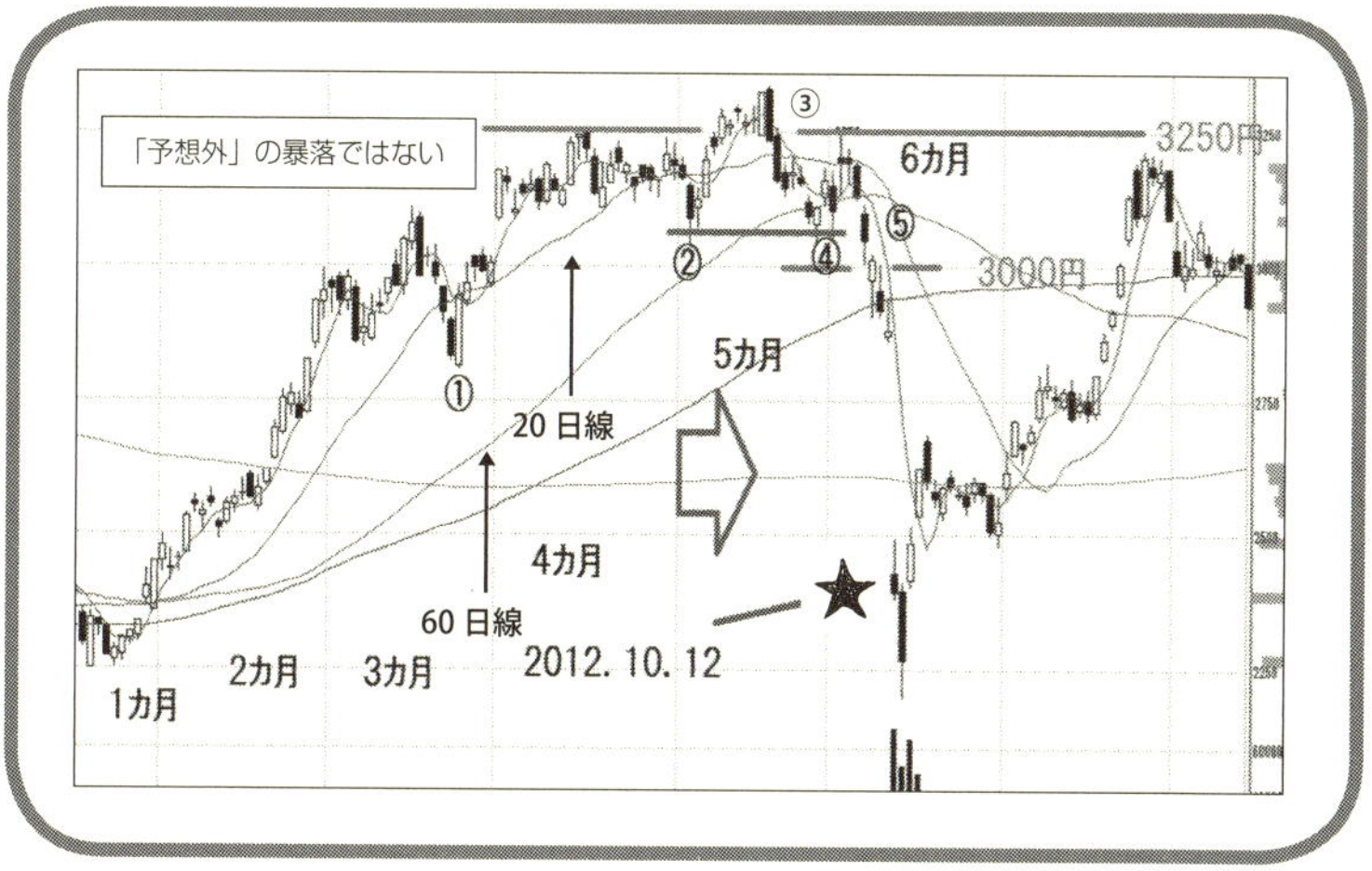

という予兆を感じます。

⑤少し上昇に転じるも、20日線を越えることができなくなってしまいました。今までの6ヵ月間は、下げても20日線の上に戻っていました。④の時点では60日線を割り込んで戻したのですが、⑤以降は60日線を完全に割り込んでいます。

そして、10月12日の大幅下落へと向かいます。

こう見てくると報道がされた12日よりも前に株価は弱り始めていたことが明白にわかります。

この動きは「偶然」ではありません。他の多くの銘柄でも日経平均株価でも、まったく違う時期に同じような予兆が起きています。

私たちは世界中に「忍者」を配置して、いろいろな機関や会社を見張らなくてもいいのです。

風車の弥七は、必要なし。おしんも、八兵衛もいらないのです。

すべてはチャートに表れる！

予想外の暴落でも例外はありません。

暴落を味方にする「建玉の操作」

このソフトバンクのケースでは、「株価の流れ」は徐々に読めていきますが、これだけでは、利益にはつながりません。

具体的にどのような「建玉の操作」をすればいいのでしょうか。

これにはいくつかの方法があります。

ひとつは、上昇期間に応じて1ヵ月～2ヵ月をかけて「仕込ん」でいく方法。

もうひとつは、株価の動きを眺めながら「変化」による「予兆」を感じた時から「仕込ん」でいく方法です。

チャート⑧-2を見てください。暴落前日の10月11日から、約1ヵ月前の建玉操作の例です。①〜⑭までが建玉をするところです。

同じチャートでもこれと1日も違わず、まったく同じように私が建玉を入れるとは限りません。

その時の感覚も少し影響しますので…しかし、おおむねこのように入ると思います。株塾の塾生で中級以上の人も、ほぼ同じように入れられると思います。

142ページから解説に入ります。

暴落で逆に儲けたケース

①ローソク足が20日線に接することが頻繁になってきました。弱ってきた（下落に生じる可能性が高まってきた）と考えて、空売りを入れてみました。まだ、半信半疑です。とりあえずです。

②いったん上昇して2ヵ月目の後半にあたる時期ということも考慮に入っています。上昇して3250円の「節目」を目指したが、届かず。弱いと考え、追加の空売りを入れることにしました。

③20日線を陰線で割り込んだことから、追加の空売りを入れました。

④20日線を陰線で割り込んで、その後、陽線が並びました。経験則から、こういう時はいったん上昇に転じる、とわかっているので買いヘッジを入れました。

⑤さらに上昇。3250円の「節目」を越えてきたので、ヘッジの買いを追加しました。これでも空売りを切らないのは、チャート⑧-1の①の下落から上昇3ヵ月目に当たるからです。また、これも⑧-2のチャート外のことですが、上昇5ヵ月目に入るからです。

⑥ここで長い陽線出現。怖いので買いヘッジを入れます。この辺は怖いと思います。上昇が6ヵ月続くと大きく下げる可能性が非常に高くなってきます。

⑦長めの陰線で5日線を割り込んできました。「節目」の3250円も割り込んできました。弱ってきたか！　ヘッジの買いを手仕舞い。これで空売りのみになる。

⑧20日線をも長い陰線で割り込んできた。かなりいい感じ、追加の空売り。

チャート⑧-2（9984 ソフトバンクグループ　暴落約1ヵ月前・日足）

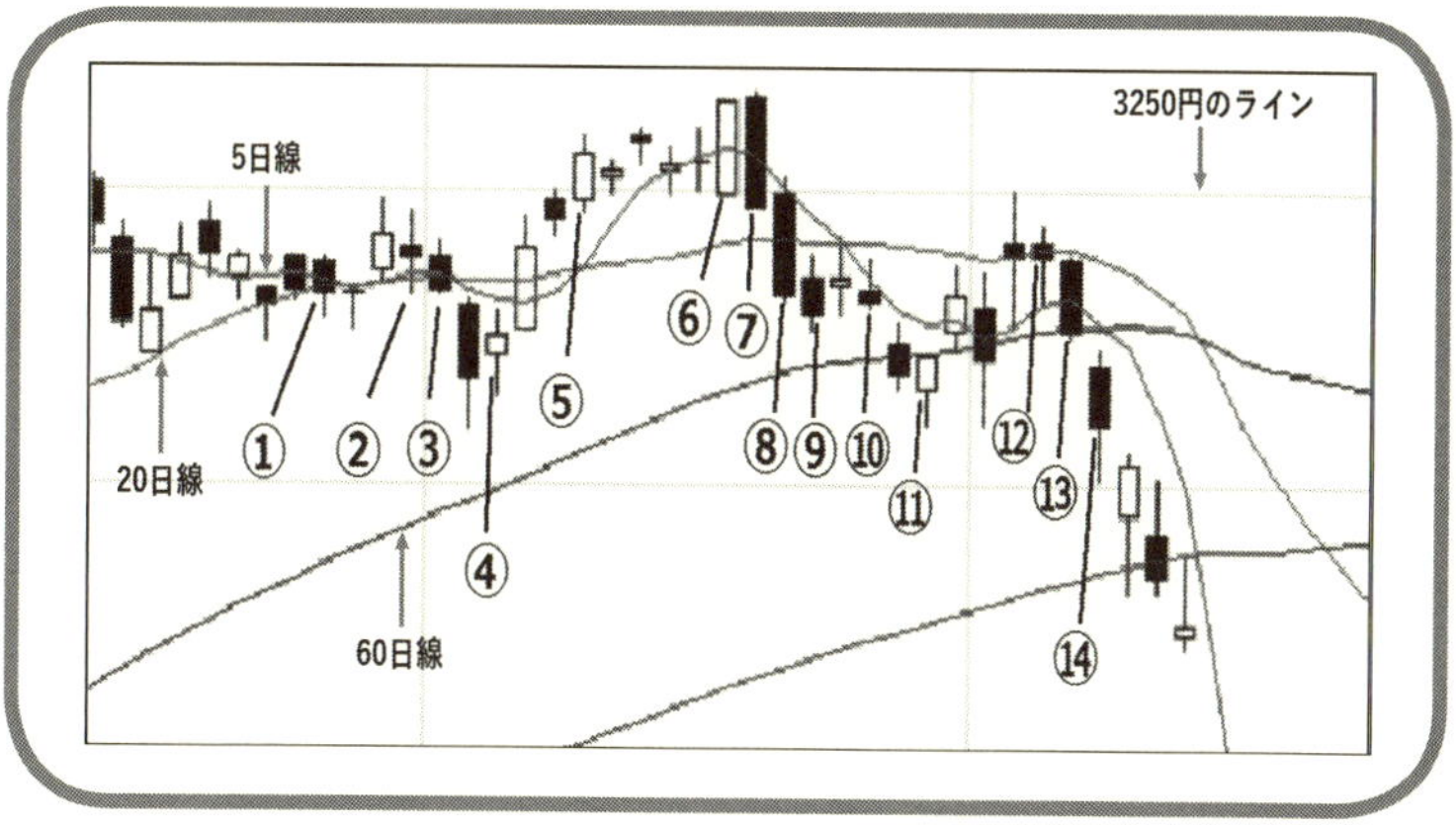

⑨20日線を完全に割り込んできたので、追加の空売り。

⑩　⑧で20日線を陰線で踏んで、その翌日やはり陰線で20日線の下に。その翌日は陽線だったが、この日、陰線が出現。これで3日連続20日線の下に。弱いと判断。追加の空売り。

⑪下げてきて60日線近辺で陽線で切り返した。経験則からいったんは上昇とみて、ヘッジの買いを入れる。初回の60日線割れは、戻すことがよくある。2回目には注意！

⑫上昇したが20日線を越えられず。弱い。空売り追加。ヘッジの買いを手仕舞い。これで空売りのみになる。

⑬20日線、5日線という2本の移動平均線を一度に割り込む。60日線をも割り込む寸前。ますます弱い。60日線に近づく回数が頻繁になってきた。

⑭遂に60日線も割り込む。5日、20日、60日線

と3本の下に。かなり弱い。

この①〜⑭のそれぞれの考察で、空売りが増え、途中、買いヘッジが入り、手仕舞いました。

このようにして、自然に一つひとつの「変化」を感じながら「建玉の操作」を行ってきた結果、暴落前に仕込みが完了していたわけです。

以上が、予兆を感じながら、建玉を入れていたら、結果的に損失を出すどころか、利益につながった例です。

想定外の暴落での建玉

もうひとつは、本来の意味で「想定外の動き」に遭遇した場合です。

たとえば、ソフトバンクの暴落の日に、上昇を狙って買いをためていたとします（動きをみていたらありえませんが…）。

この場合、この日の引けの後に、予期せぬ暴落を知ることになります。あなたならどうしますか？　私なら、翌寄付きに空売りを入れます。

持っている「買い」が問題ですが、「全部切ってください」と言ったら、あなたはできますか？　多分、できないと思います。これはメンタル的に大変な作業です。

しかし、買いはいったん切ってしまうのが一番よい。

「こんなに下げたんだから、上がる」と思っているうちに、どんどん下げてしまうのはいつものことです。買いを切ることに対して「いったん」と言ったのには意味があります。

全部切るのは忍びない、というかできない方は、半分でもいいので勇気をもっていったん切ってみてください。

さて、買いをためてきて暴落したとして、この後の建玉を続けてみましょう。

147ページのチャート⑧-3を見てください。暴落から約1ヵ月分のチャートです。

たとえば、下落を始める前にポジションが0-8だったとします。

②～⑫までがこの動きの中での一連の「建玉の操作」の例です。トレード回数が多い気がしますが、この場面は下落から上昇へ移る過渡期です。上げると思ってもまた下げたり、ということが起きがちです。

そのため、次の上昇を取るための買いもおそるおそる入れなくてはなりません。ヘッジ（この場合は空売りです）も必要になります。だから、トレード回数も増えるのです。

冷静な建玉で暴落から生還せよ

さて、詳しい解説です。

②買いをすべて手仕舞い、空売りからスタート（２－０）。大きく下げているのですから、もし、あなたが「買い」を持っていなかったら、売りから入るでしょう。これをそのまま建玉しただけです。この考え方は他の場面でも使えます。もし、０－０だったらどうするか。今の自分の持ち株にメンタルが左右されないように、今の株価の動きを公平に見ることができるようになることも「修行」のひとつです。

③２２５０円の「節目」でどうなるか。下落前の株価である３２５０円から１０００円下げています。空売りが２０００株入っているので、１０００株の買いならこの後下げてもマイナスにはなりません（２－１）。

④陽線。前日、前々日の陰線を越えていますので、買いを入れてみました。まだ下げるかもしれませんので、空売りはそのままです（２－２）。

⑤２５００円という大きめの「節目」を越えてきたこと、５日線を越えて陽線であるということ。以上の２点から空売りをいったん切り、買いを入れました（０－３）。

⑥大きく下げた後の最初の大幅上昇です。経験則から、次は「ちょい上げ」の可能性がありますが、もう一度下げる可能性もあります。空売りを入れ、買いをひとつ手仕舞いにして、様子をみます（２－２）。

チャート⑧-3（9984 ソフトバンクグループ　暴落後・日足）

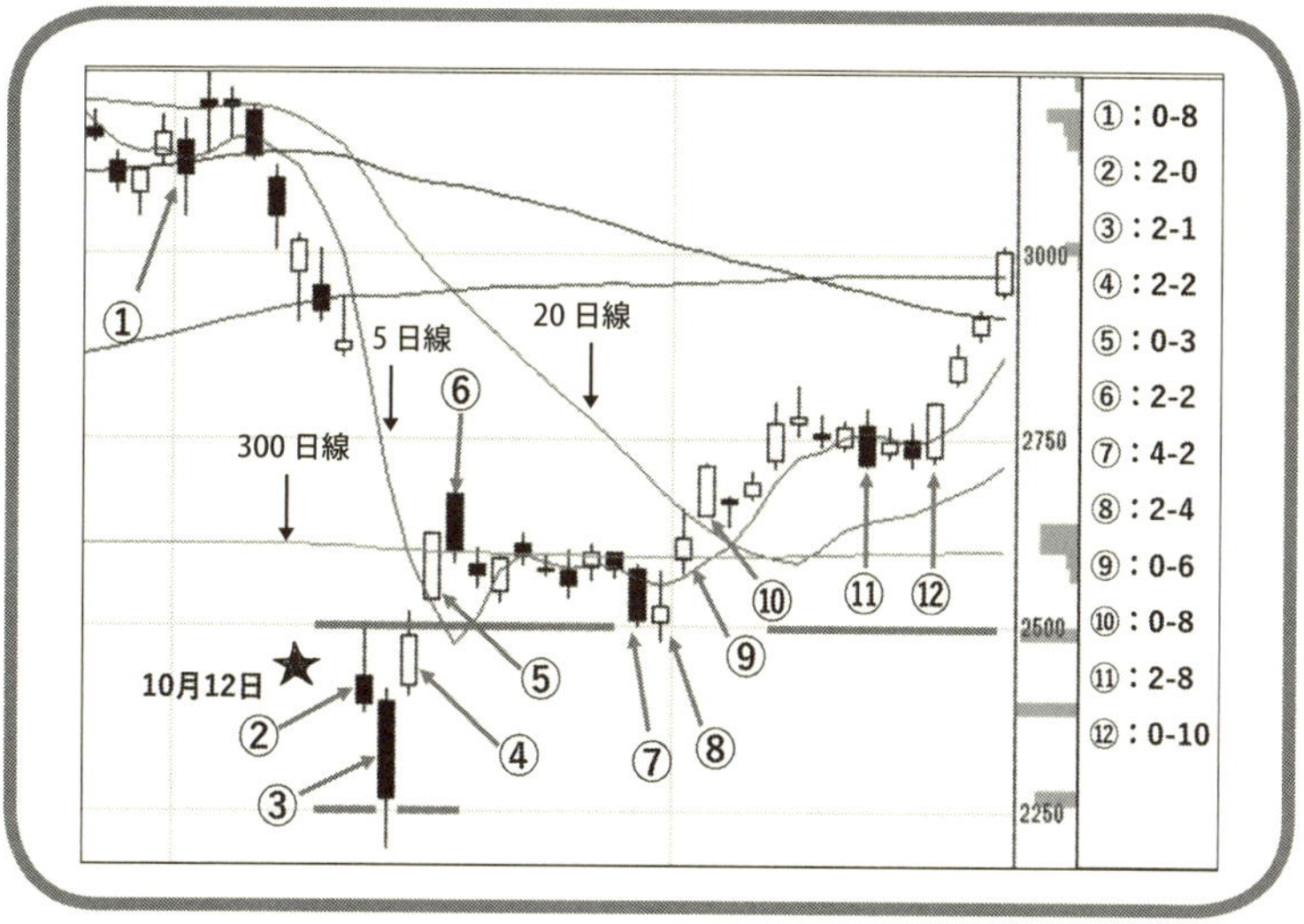

⑦7営業日目、この間株価はほとんど動いていません。2500円をキープしていることから少し安心感はありましたが、5日線を割り込んできました。ヘッジの空売りを入れて様子をみます（4-2）。ただ、今日の陰線は2500円という「節目」で下げ止まっています。明日、ここをキープするかどうかに注目です。ここをキープできるようですと、上昇へ望みが出ます。

⑧陽線で、2500円の「節目」をキープしました。このキープには大きな意義があります。空売りを半分手仕舞い、買いを追加します（2-4）。

⑨5日線と300日線の上、陽線が出ました。この意義は大きい。「買い」を追加。空売りを手仕舞い（0-6）。

⑩20日線を陽線で越えてきました。GOOD！　「買い」を追加（0‐8）。
これで5日線が、20日線を越えそうです。
これは「株価の位置」が、一段と高いところになったことを意味します。
⑪株価は順調に5日線の上で推移していきます。
「ローソク足が5日線の上にある間は絶対に下げません」
とはセミナーでよく言う私のセリフです。
この流れの中で、5日線を少し大きめの陰線で割り込んできました。
次もお決まりのセリフ。
『5日線を陰線で割ったら「売り！」（空売り）』
空売りのヘッジを入れました。これは今持っている8000株の「買い」を守るための
ヘッジとしての空売りです（2‐8）。
⑫株価が復活して、陽線で過去5日間の高値を越えたので、ヘッジの空売りを手仕舞い、
「買い」を追加しました（0‐10）。

ここでチャートをふり返って復習してください。
③で相場師朗はなぜ「買い」を入れたんだろう。④でなぜ「買い」を足したんだろう、と。
今回のトレードの全体像をお話しします。まず、「予期せぬ下落」があった場合、「買い」

をいったん手仕舞ってしまいましょう。

そして、空売りを入れてみる。その後の株価の動きを見ながら、下げが止まりそうであればまた「買い」を入れ始めればよい、という考え方です。

「買い」を切るのを「いったん」とお話ししたのは、

「今は危険を避けるために切るが、これは一時的なことで、動きを見てまたすぐに買い始める」

ということを含んだ言い方だったのです。

株塾の塾生には、

『「ポストイット」で、パソコンの画面に貼っておくだけ。後ではがしてまた使うんだ』

という言い方をしています。

ポストイットが買い株のことですね。

「底練り」からの予期せぬ下落にどう対応するか

あてがはずれた時の建玉の操作で、もうひとつどうしてもお伝えしなければならない操作があります。

図20のような場面です。

下落が終了して株価の動きが横ばいになってきました。これを「底練り」といいますが、「底練り」の後は上昇していきます。トレーダーとしては非常に心地よい場面です。

ここは仕込み時。

「あと何回この小さな上げ下げを繰り返したら上昇かな」と考えるところです。

①でポジションは0 - 10。これはありえます。日一日、安心感が高まり、次の上昇に備えて「買い」を追加してきていますから。

ところが、図20のように株価は予期せぬ下落をしてしまいます。

このような時には「建玉の操作」が絶対に必要です。ほとんどの人が、そのまま眺めてしまいます。そして、大きな損失を抱えてしまうことになります。

図 20（「底練り」からの予期せぬ下落）

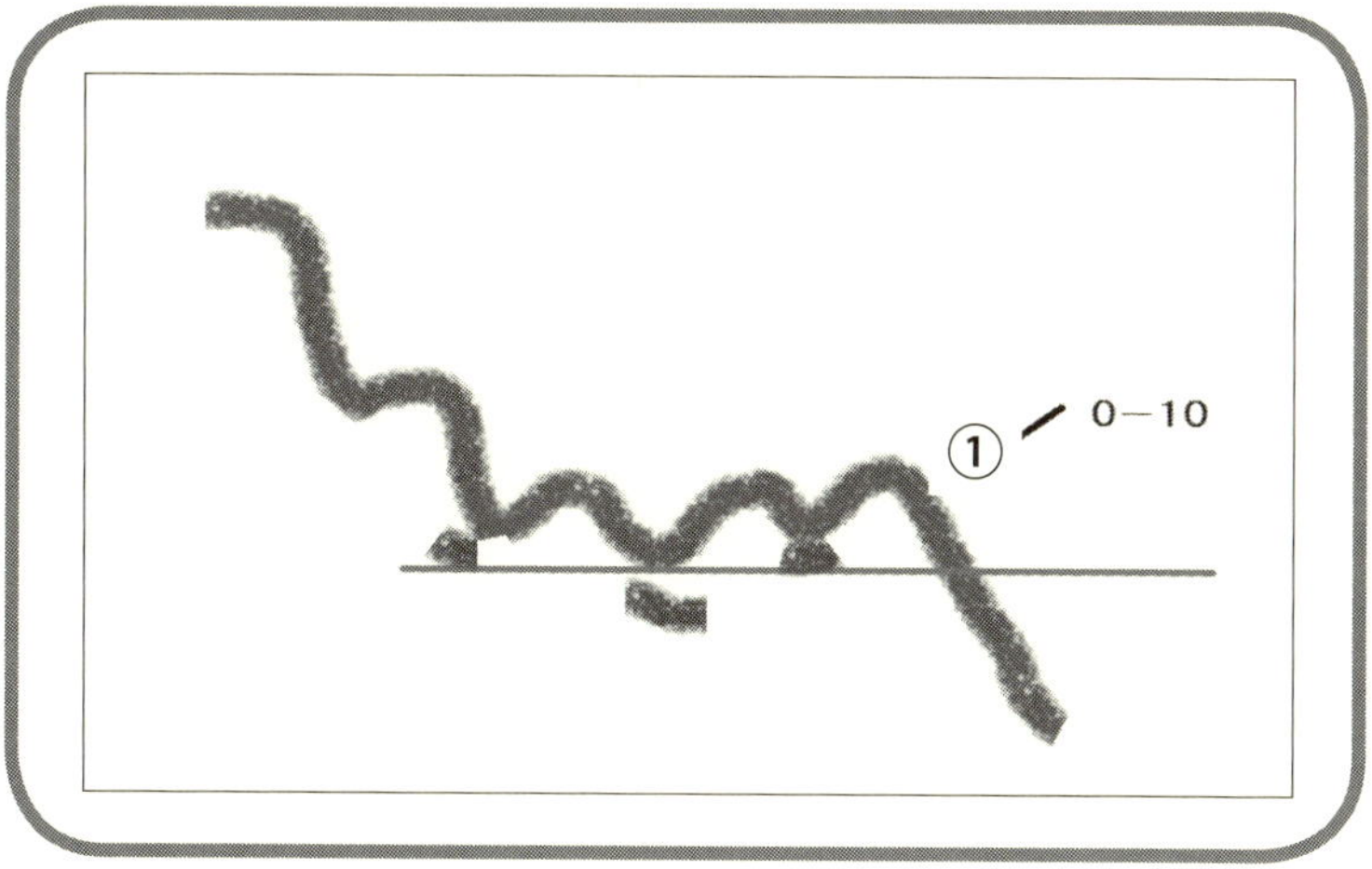

予測はあくまで予測。トレードをやっている限り、こういう不測の事態は必ず起こります。ぜひ、ここで対応策を学んでください。

こういう場合の建玉例を、153ページの図21に示しました。

勇気ある方針転換が命を救う

①上昇を取る気バリバリで「買い」を重ね、0‐10まで仕込みました。ここまでの動きはこれでいいと思います。

①以前の動きを見ると、Bの下値をDの下値が上回りました。なおかつ、Cが前の高値を割り込みませんでした。上昇傾向です。「底練り」のように見えます。いけそうな雰囲気です。そして、Cの高値をEの高値が上回ってきました。ますますいけそうな動きです。

②ところがです。Eから下落を始め、②でD値を下回ってきました。「流れ」が変わった気がします。

まだ「底練り」の範囲内なので本玉《ほんぎょく》（これから「買い」で取りたいのか、「空売り」で取りたいのか、その主となるほう）は「買い」ですが、ポジションは3‐9にしました。「買い」を1000株減らし、ヘッジの「空売り」を3000株入れました。買いの3分の1分の保険を持ったわけです（なぜ3分の1にしたのかを語ると長くなってしまいますので割愛）。

③株価はD値を割り込んだだけでなく、B値に並んでしまいました。風向きが変わってきたようにも思えますが、A‐B‐Dの下に書いてあるライン近辺でぐずぐずして上昇することもよくあります。

ここは、ヘッジを3000株増やし、買いを1000株減らして、6‐8としました。

図21（予期せぬ下落での、「本玉」変更の例）

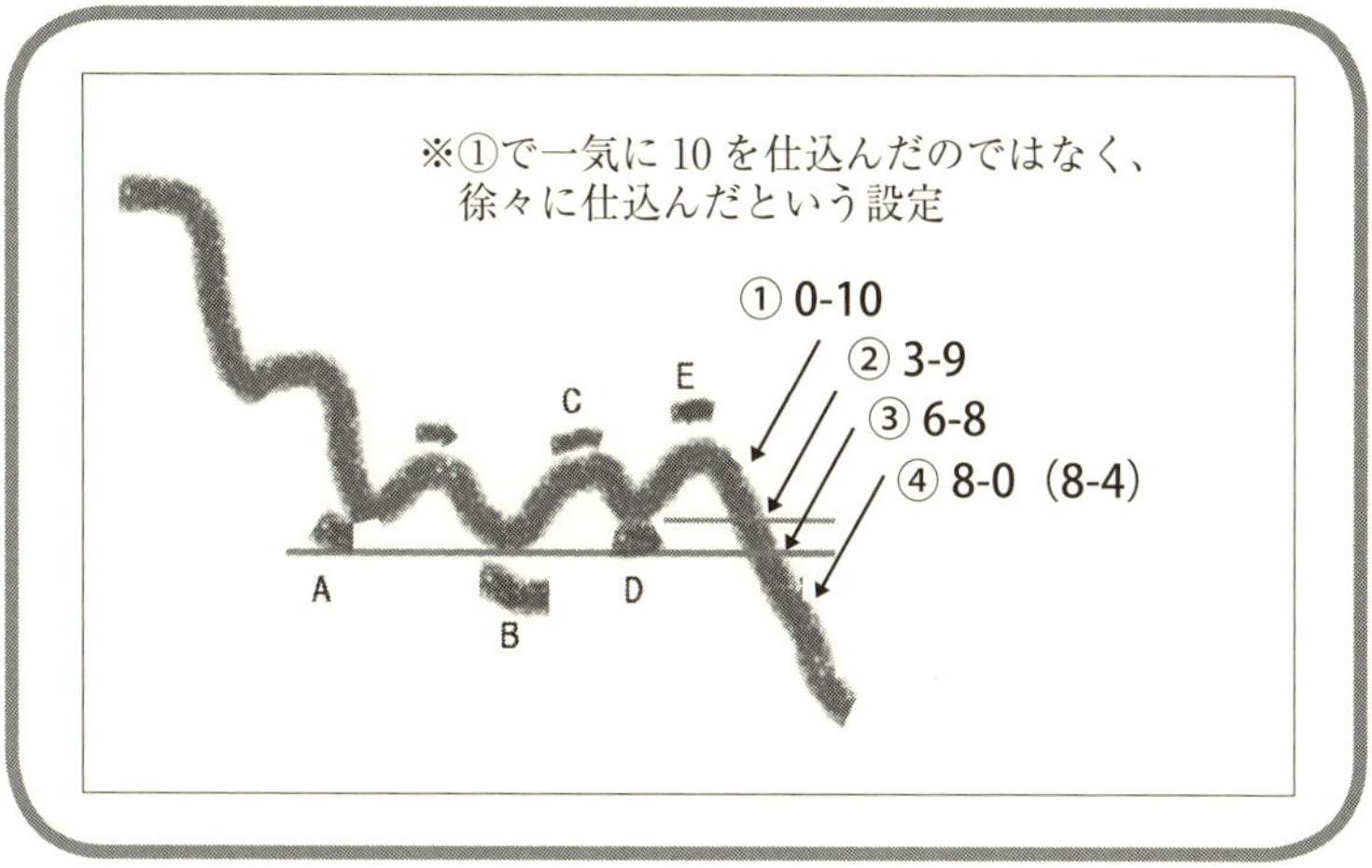

このポジションは絶妙です。このまま、下げても、予定どおり上げても何とか調整のつくポジションです。損失は出さなくて済むはずです。

④とうとう割り込んでしまいました。

この時です。心を鬼にして、方針転換をしなければなりません。多くの人がこれができずに、その後、大きな苦しみを味わっていると思います。

空売りを追加し、「買い」は「いったん」（ポストイットですよ）すべて手仕舞います。

あるいは、図中の（　）で示しているように「買い」を半分手仕舞います。

この後は、前にソフトバンクの建玉の操作で行ったように、株価の動きを見ながら対処していくことになります。

事故のときこそ「ああなったら、こうなる」の建玉を

予想外の動きになったときこそ、まずは落ち着き「ああなったら、こうなる」にあわせて「建玉の操作」で形成を立て直しましょう。

たとえば、株価が続落し、あと60円下落すると300日線に達するところまできたとします。経験則では、300日線近辺というのは、下げ止まったり、上げ止まったりする可能性が高いところだとわかってます。したがって、ローソク足の状況を見ながら空売りを入れ、買い下がる（仕込む）作戦を立てます。

もうひとつ。

株価が底を打って上昇しています。ローソク足は5日、20日線の上に滞在してきましたが、初めて20日線まで下落しました。

ここまでが「ああなったら」にあたります。さて、今後どうなるでしょう？

「他の状況にもよるが、まずは20日線まで下落するのは1回目ということだから、いったんは上昇に戻る可能性が高い。もし、20日線の下でぐずぐずし、再度20日線に向かって

上昇するが届かず、陰線で下げてしまえば、そのまま下落」

これが「こうなる」の内容です。


さらに、深い「こうなる」も考えておくべきです。「次の次の次」です。

今の例ですと、

「20日線まで下落したのが1回目だ。もし、次に上昇していって、また下落を始めたら2回目の20日線タッチ。ここでまた上昇すれば、次の下げの時のタッチで3回目になる。このあたりから動きが怪しくなっていく可能性があるので、ここを見定めて売っていこう」とプランを立てておきます。

この際、将来のことは、今日よりも明日、明日よりも明後日のほうが明らかになります。毎日1本ずつ増えていくローソク足を見ながら、頭の中で「ああなったら、こうなる」を組み直します。

そして、そのイメージトレーニングをベースに「建玉の操作」を行っていきます。

よく考えてみると、建玉の操作では常に「ああなったら、こうなる」の思考が働いています。

そして、6章でお話しした「株価の流れを読む」ことも、言いかえれば「ああなったら、こうなる」を常にしています。そして、そのたびに実際のトレードとの齟齬《そご》を検証し、改善して、また次のトレードに生かす。

これって、仕事の進め方に似ていますね。

計画（Plan）

→

実行（Do）

→

点検・評価（Check）

→

処置・改善（Act）

まさにＰＤＣＡサイクルのようです。それもそのはず、プロトレーダーにとってトレードは「仕事」なのですから。

あなたも「仕事」のようにトレードをしてみてください。

第9章

5つのトレード練習法

「読み」と「操作」の質を劇的に上げる

練習なしのトレードはありえない

実際のトレードでは、
①株価の流れを読めるようになること
②建玉の操作を究めること
のふたつが必要だということをお話ししました。

そして、この①、②のそれぞれが上手になるためには「練習」が必要であることもお話ししました。

高校野球の甲子園大会で優勝するためには、地方大会で約5回、本戦の甲子園では約6回勝利を収める必要があります。そして、この合計約11回の試合のために、多くの練習試合を行っています。日々の合同での練習は、それこそ盆と正月以外はやっているのではないでしょうか。もちろん個人での練習も行っているはずです。

あの華麗な演技で観衆を魅了するフィギュアスケートの選手たちも本番の演技の数よりも、練習の数のほうが圧倒的に多いはずです。

私はその昔ピアノを習っていました。

年に1回、発表会があるのですが、「いきなり発表会」では、まったく弾けるわけがありません。最初は音符を読むことから始まり、1章節ずつ弾いてみます。

しかも、まずは右手のパートだけ。そして、次は左手のパートだけ。今度は両手で、というように進めていきます。発表会で弾くのは課題曲ですが、普段は練習曲をひたすら練習します。この他にも指がスムーズに動くようになるための教本も渡され、これも練習曲とは別に練習していました。

一方、株式投資の世界ではどうでしょうか。

トレードの練習をしている人はほとんどいないと思います。

最近、実際の株価の動きと連動したバーチャルなトレードをするサイトが出てきていますが、これは高校野球にたとえるなら「練習試合」です。いきなり練習試合では上手になりません。野球の練習では、キャッチボールやバッティング練習、細かい技術的な練習…。

これ以外にもストレッチングや筋力トレーニングなども加わります。そして、その先にあるのが練習試合であり、本番の大会なのです。

本章では、あなたがプロ級のトレーダーを目指すために必要な練習方法をお伝えしたいと思います。私の弟子たちは、この練習を重ねることで確実に上手になってきています。
この練習方法のすべては、①株価の流れを読めるようになる、②建玉の操作を究める、ことへとつながります。

この本を手にされたあなたにお教えできる練習方法は、次の5つです。
実は、この先があるのですが、まずはこの5つをお伝えします。

練習法① リーディング練習
練習法② 「ああなったら、こうなる」の練習
練習法③ こじつけ練習
練習法④ 部分的「建玉の操作」の練習
練習法⑤ 長期「建玉の操作」の練習

では、始めましょう。

練習法① リーディング練習

リーディングとは、READING＝「読む」ことです。株価の流れを「読む」練習です。

①まず、日足チャートを見ます。パソコンの画面でも、プリントしたものでもOKです。
　1枚で5ヵ月～6ヵ月分を見ることができればいいと思います。

②チャートを左側からまさに「読ん」でいきます。

163ページのチャート⑨-1を使って実際のリーディングをやってみます。

「ああ、こうやるのね」と理解してください。最初は、みなさんピンとこないのですが、私が3つくらいやってみせると、わかってくださるようです。

やはり「技術」ですね。

まず「数（量）」をやる、そして、次が「質」なんです。

「左から時系列で流れを読んでいくと、ローソク足が300日線に陰線で接した。その後上昇したけれど、20日線に陰線の上ひげがぶつかると、やっぱり下げるんだな。あ、この時は20日線の傾きは、下を向いているな。下げ傾向なんだ。移動平均線の向きに要注意だな」

この納得が大事です。むしろ納得を越えて「感動」するくらいのほうがいいと思います。続けます。

「300日線にタッチする回数が頻繁になってくると、やっぱり割り込むな。これは押さえておこう。この時、5日線も100日線も下を向いている。傾きは、大事だな。忘れないこと。傾き確認！

その後は、5日線の下にローソク足がある限り、株価は上昇しないんだ。5日線の下だったら我慢が必要だな。空売りをしていたら、途中で手仕舞いたくなるだろうけど、やっぱりダメ。我慢なんだ。5日線の下である限りは。我慢。

下げている途中でも陽線を見るとドキッとするよな。今、多分空売りを持っているはずだから。

でも、すべての移動平均線が下を向いている時だから我慢なんだ。この部分本番だったら大丈夫かな。今、肝に銘じておこう。この場合は、陽線に騙されない！

チャート⑨-1（日経平均株価　リーディング練習・日足）

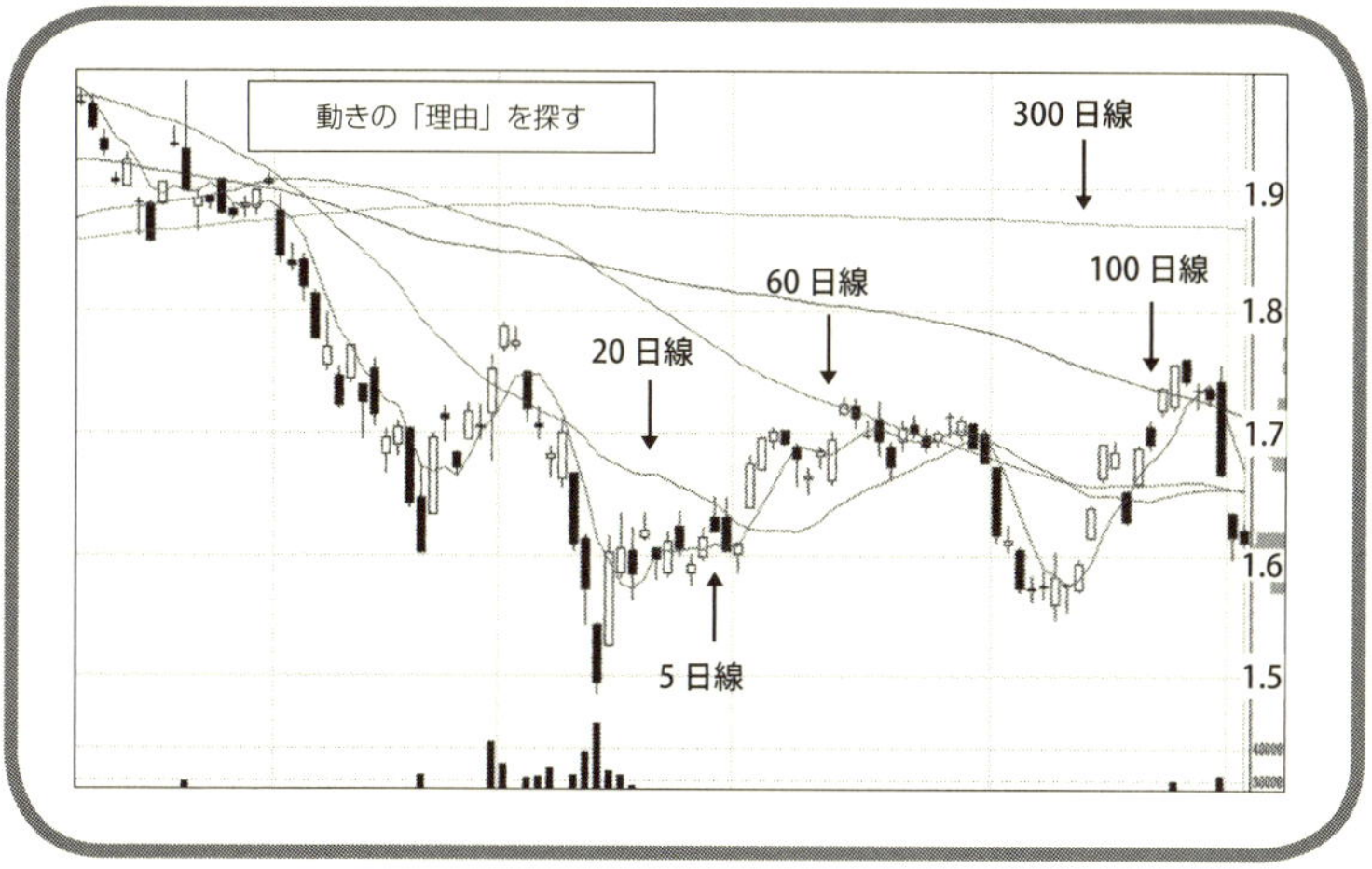

1万6000円（図では「1・6」）の「節目」で、陰線の後は下落ののち上昇に向かってる。

やはり、1000円ごとの「節目」には注意が必要だな。

なるほど、大きく下落してきて最初の上昇は20日線を越えるとやっぱり下げてくる。

知っていることだけど、ここで再度心に刻んでおこう。ここで空売り入れられるかな。5日線を割り込んだ陰線の時には、入れられそうだな…」

これが「リーディング」の例です。このようにして、ローソク足と移動平均線の関係から、「そう動いている」理由を探しながら読み進めていきます。

あるいは、理由ではなく、「こんな時はこ

うなるんだ」と認識を深めたり、新たにしたりしながら、読み進めていきます。

今やってみせたのは、左側3分の1くらいまでですが、これを1ページ分全部やります。最初は時間がかかりますが、慣れてくると時間が短縮できると思います。

これで1枚ですが、たとえば、最初は50枚くらいやってみてください。多くの気づきがあるはずです。同時に移動平均線とローソク足の関係で、かなりの確率である程度同じような動きをする場合があることがわかってきます。

このリーディング練習を毎日5枚、1ヵ月続けたとしたら、1ヵ月の合計練習枚数は約150枚になります。1年間続けることができたとしたら、約1800枚になります。これだけやるとかなりのことがわかってきます。

練習法②「ああなったら、こうなる」の練習

チャート⑨-2を見てください。

一番右に★印が記入してありますが、この右側のこれから先を予測する練習です。

チャート⑨-2（日経平均株価　「ああなったら、こうなる」の 練習・日足）

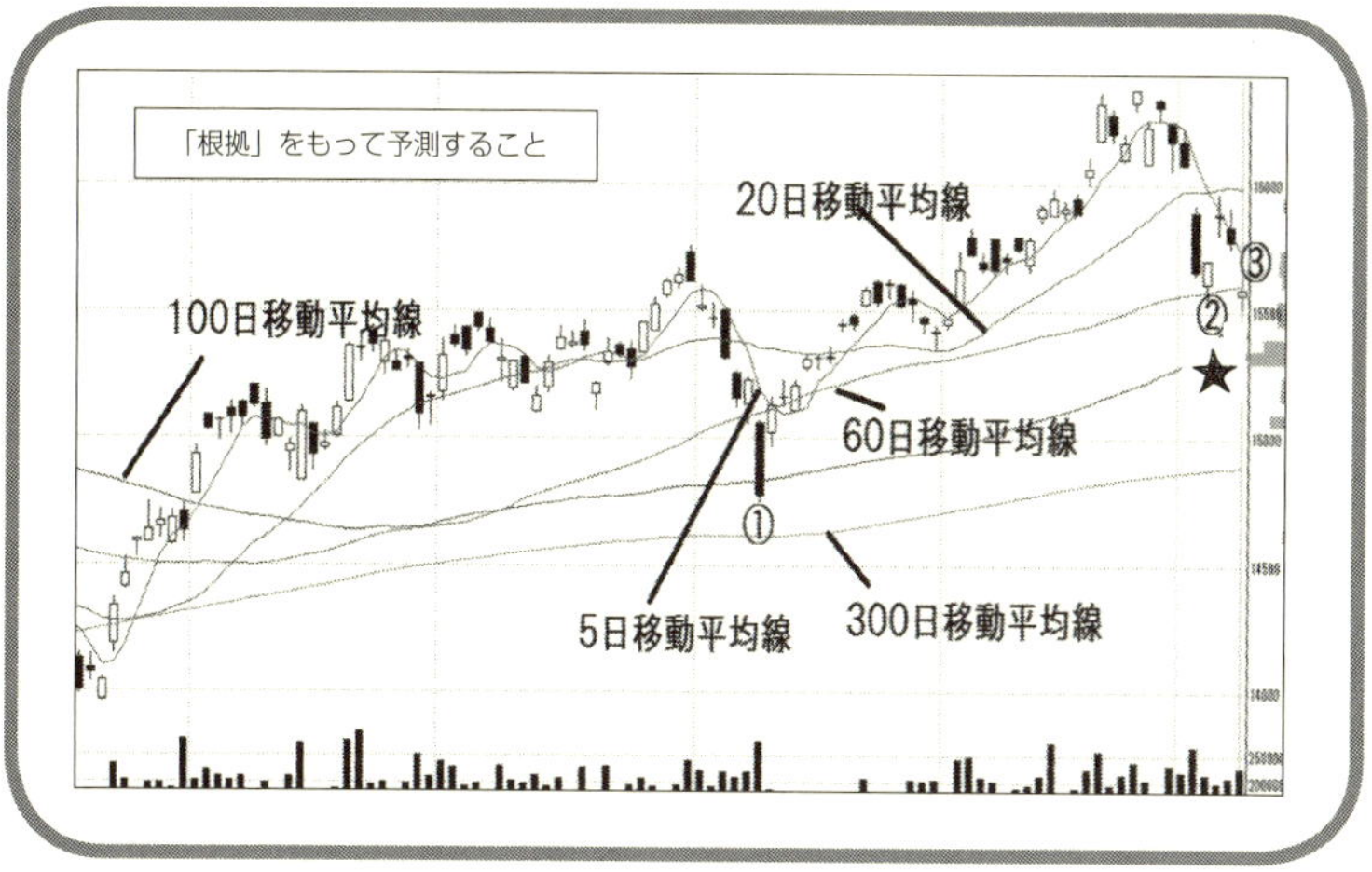

このチャートでは、株価が60日線まで下げたのは①、②、③のところです。ヒントはここにあります。

これを元に「ああなったら、こうなる」を考えます。②で60日線まで下げて1日戻したけれど、また下げてしまい③を迎えました。

ということは、もし、この後60日線を割り込んで陰線になったら、①では１００日線まで下げているので、今回も１００日線までか、もしかしたら３００日線まで下げるかもしれない、と考えるわけです。

予測が完了したら、実際に次のチャートを見てみます。「答え合わせ」ですね。

当たっていたら、めでたしめでたしですが、はずれていたら、どのように考えたらこの動きが予測できただろうか、と考えます。考える材料はすべてチャートの中にあります。このプロセスが一番大事です。

この「予測」と「答え合わせ」の練習こそが、「ああなったら、こうなる」の練習です。これも、たくさん数をやってみてください。100個も200個もやってみると、そうとう確率があがってきます。

練習法③　こじつけ練習

この練習は大変脳みそを使いますが、とても勉強になります。過去からその時点までの知識を総動員しての練習です。

使用するチャートは、リーディング練習と同じ、1枚に5ヵ月間くらい表示されている日足チャートです。

これもチャートを使って説明したほうがわかりやすいので、169ページのチャート⑨-3を見てください。

このチャートで、リーディングを左から時系列のとおり進めていきます。この時、いつものようにローソク足と移動平均線の関係を見ながら、客観的にチャートを読んでくるわけです。

次ページから解説に入ります。

この練習は「こじつけ」のようにみえて、実は「こじつけ」ではない。

このことを理解してください。

たとえば、Aのところで、建玉としては空売りを入れたいところです。でも、本番のトレードだったら、できるかどうかわかりません。

この際、「どう考えたらここで空売りが入れられるのか」、客観的な事実からその理由を考えます。このAの場合は、

『株価が上昇してきて、このAの前々日と前日はローソク足が並んだ。前々日は陽線だが前日は陰線となっている。そして、Aの日もローソク足が並んでいるし、陰線だ。3日間ローソク足が並んでいるのは上げ止まっていることを示している。しかも3本のローソク足のうち後の2本は陰線。弱ってきている。お！　しかも、ここの株価は2500円という大きな意味の「節目」だ。これは空売りだ！』と私なら考えます。

Bのところで空売りを入れる理由を、これまでの知識を総動員して、考えてみてください。「こじつけ」歓迎です。

私ならこう考えます。

「★の後、下落。今まで割り込むことのなかった60日線を割り込んできた。これは弱い動きである。その後、上昇してやっと60日線を越えてきたが、前の高値である★まで上昇することができず、Aまでの上昇で止まった。この際の60日線を越えた部分はわずかだっ

チャート⑨-3（9602 東宝　2014/8/8 ～ 2014/11/27・日足）

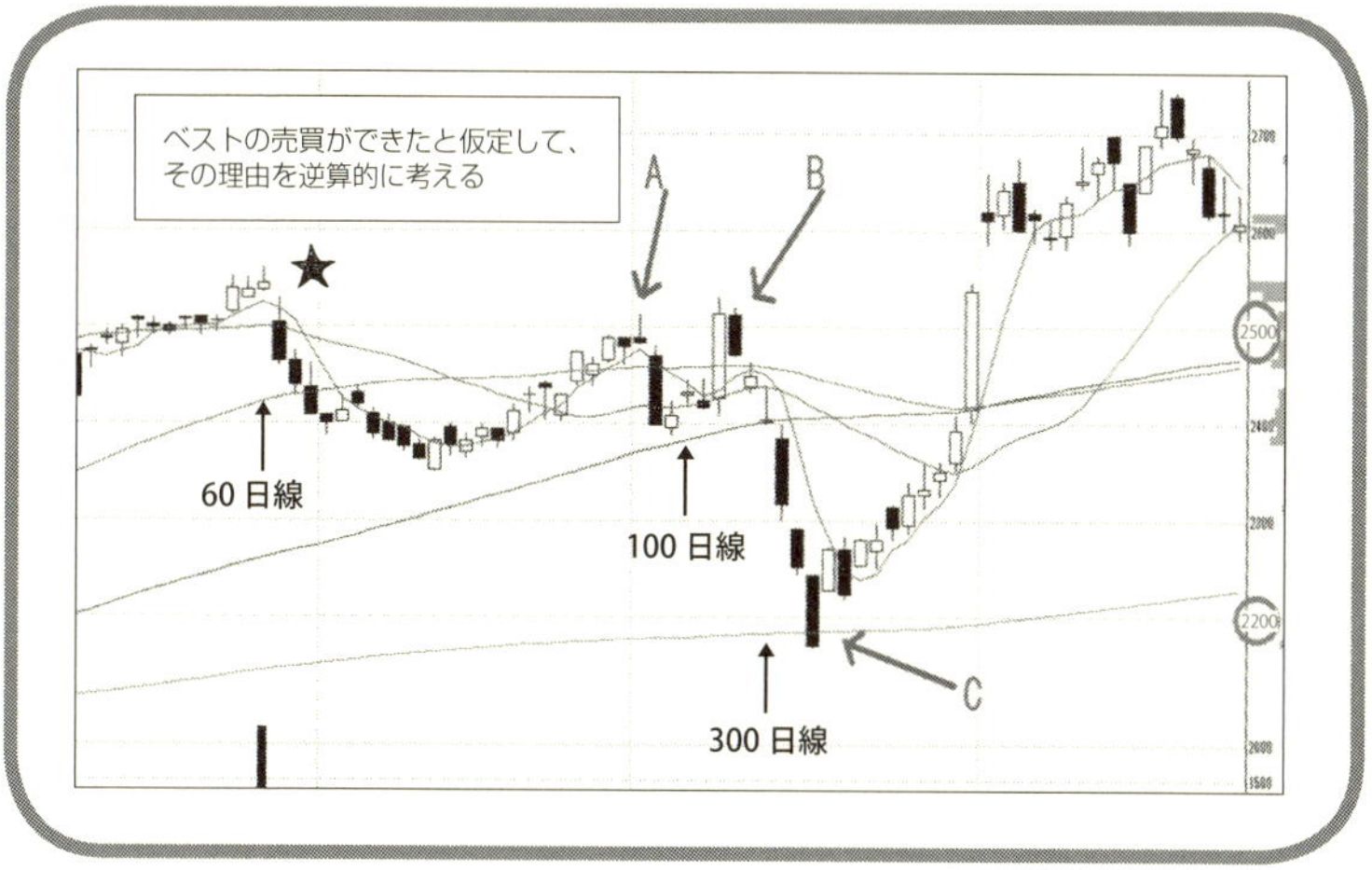

たが、すぐにまた60日線を割り込んでしまった。この時の下げは100日線近くまで。これはだんだん弱くなってきている。

そして、その後また上昇した。今度は長めの陽線だったが、2500円という大きな「節目」で陰線が出てしまった。やはりAと同様、★の高値を越えられず、これもまた2500円止まり。弱ってきている。この陰線は売りだ！」

では、Cで買いを入れる理由を考えてみましょう。

これは、簡単ですね。300日線と2200円という「節目」が重なっています。下げ止まるだろうとにらみ、陰線ではあるけれど「買い」を入れました。

また、ここまでに空売りを入れていたならば、陰線で下げている最中でも手仕舞うことになります。

いかがでしょうか。

多少「こじつけ」があってもこれまでの知識でローソク足、移動平均線、株価の位置（過去の高値、安値、節目）などを駆使して説明をつけてしまおう、というものです。

これもかなり勉強になります。

私の今の「知識」「技術」からですと以上の考え方は、かなり合理的に思えます。

しかし、あなたの今の「知識」「技術」からは、とてもこうは考えられないでしょう。本番ならここで空売りできない、と思われるのではないでしょうか。

あなたからみると「こじつけ」に思える。これが「こじつけ練習」と名前をつけた由来です。

私や私の弟子たちは、このような「こじつけ」を何度も行いました。その積み重ねの結果、実際のトレードでは、この場面で空売りが入れられるようになりました。この場面での売りは、他の銘柄のまったく違う時期でも、多くの場面で通用する考え方です。

考え方の基本はこうです。

チャートがすべての結果ですから、何といってもチャートが正しいのです。ですから、後からチャートを見て下落している理由を考えれば、そこで見いだした共通点は実は「法則」になるのです。こじつけに見えても、実はこじつけではないということですね。

注意点になりますが、この練習法は、「買い」か「空売り」、あるいはその手仕舞いだけに着目した練習方法です。当然ながら、実戦では安全性を考え、複数に分けて入れた「売り」と「買い」を両建てしながら、建玉の操作を行っていきます。

練習法④　部分的「建玉の操作」の練習

練習法①～③は「株価の流れを読む」練習でしたが、練習法④、⑤は、具体的な建玉の操作の練習になります。

この練習に必要なものはパソコンとチャートです。パソコンといっても難しい操作は必要ありません。チャートを見ることができればＯＫです。

パソコンはどんなものでもいいのですが、チャートは何でもいいわけではありません。これから株の売買で利益を上げ続けていって、夢の1億円を目指そうなどと考えているあなたです。チャートにはこだわりを持つべきです。トレードの一番の「道具」なのですから。

本気でトレードを究めたいと思っている方には、私も私の弟子も使っているお勧めのチャートがあります。最終章でご紹介したいと思います。

チャートは大切な「道具」です。ぜひ、よいものをお使いください。

プロのテニスプレイヤーは、試合ごとにガットを張り替えます。野球のイチロー選手はバットを異常なくらい大事にしています。道具は、ヘナチョコではいけません！

さて、では練習の内容です。

チャート⑨－４のように、パソコンの画面にチャートを出します。

画面の矢印のところに1月22日と書いてあります。株価は３００日線を越え、１００日線を越えたところで横ばい。その後、上昇が止まり、下落していきます。下げ止まりはＡの安値、Ｂの安値近辺で８５０円の「節目」近辺です。

チャート⑨-4（7201 日産自動車　2013/9/25～2014/2/24・日足）

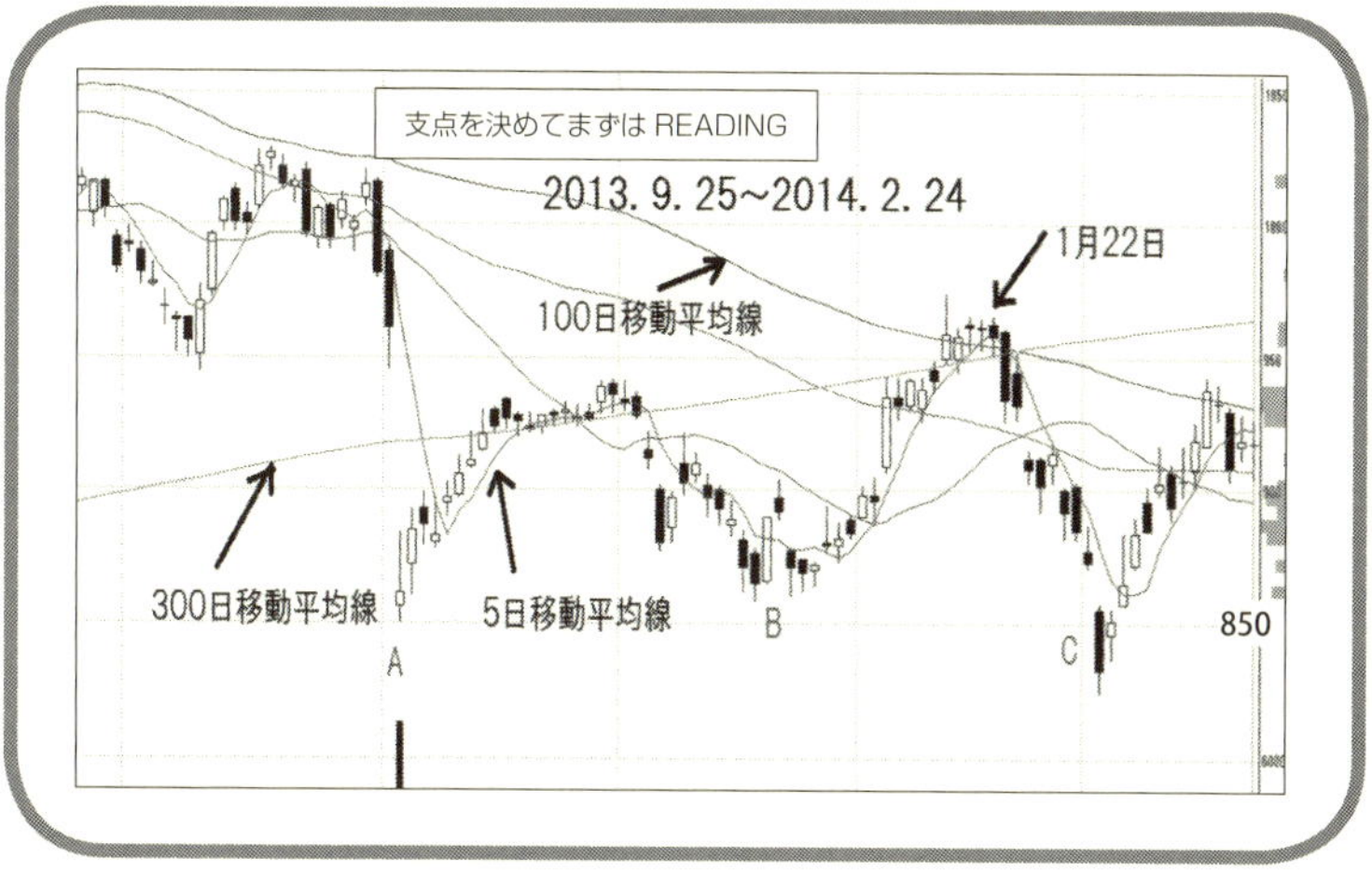

まず、このように読んでおきます。
次に、パソコンの画面を切り替えます。

チャート⑨-5を見てください。

これは先ほどのチャート⑨-4の矢印（1月22日）のところをパソコンの画面の一番右側（★の部分）にしたチャートです。

つまり、株価の動きを先に読んでおいて、読んだ部分は隠すように、時間を戻した状態でパソコンの画面に表示しています。


このチャートの先は、先ほど分析しているので、何となく頭に入っている状態です。ここから建玉の操作を行っていきます。

その下のチャート⑨-6は、パソコンで⑨-5を1日進めた状態です。「2-0」と左上に出ているのは、建玉で現在のポジションは2-0であることを表しています。

長い陰線で5日、100日、300日の各移動平均線を割り込んだことから、空売りを2000株入れました。

チャート⑨ -5（★の時点が 1/22　⑨ -4 から時間を戻した状態）

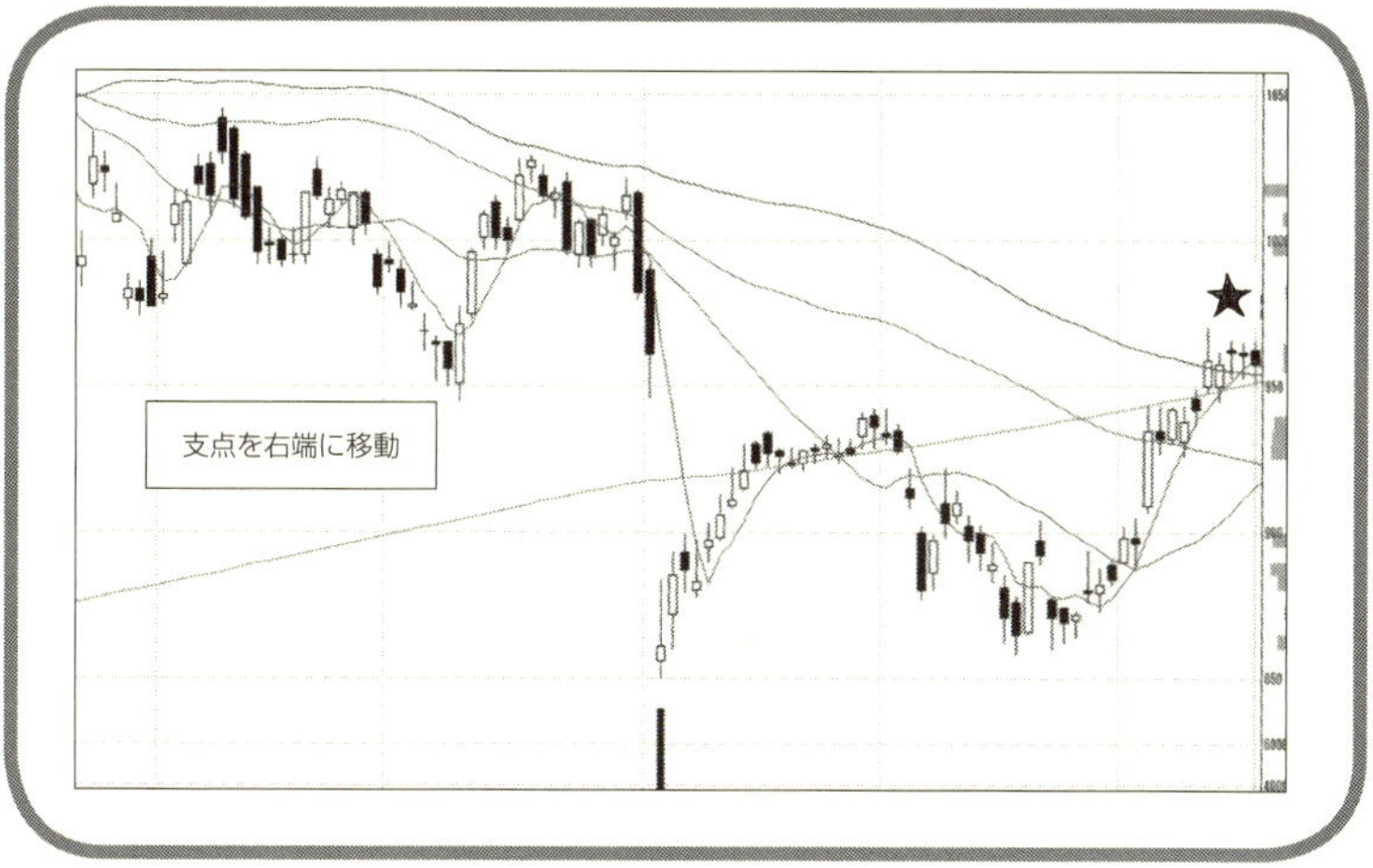

チャート⑨ -6（⑨ -5 から 1 日進んだ状態）

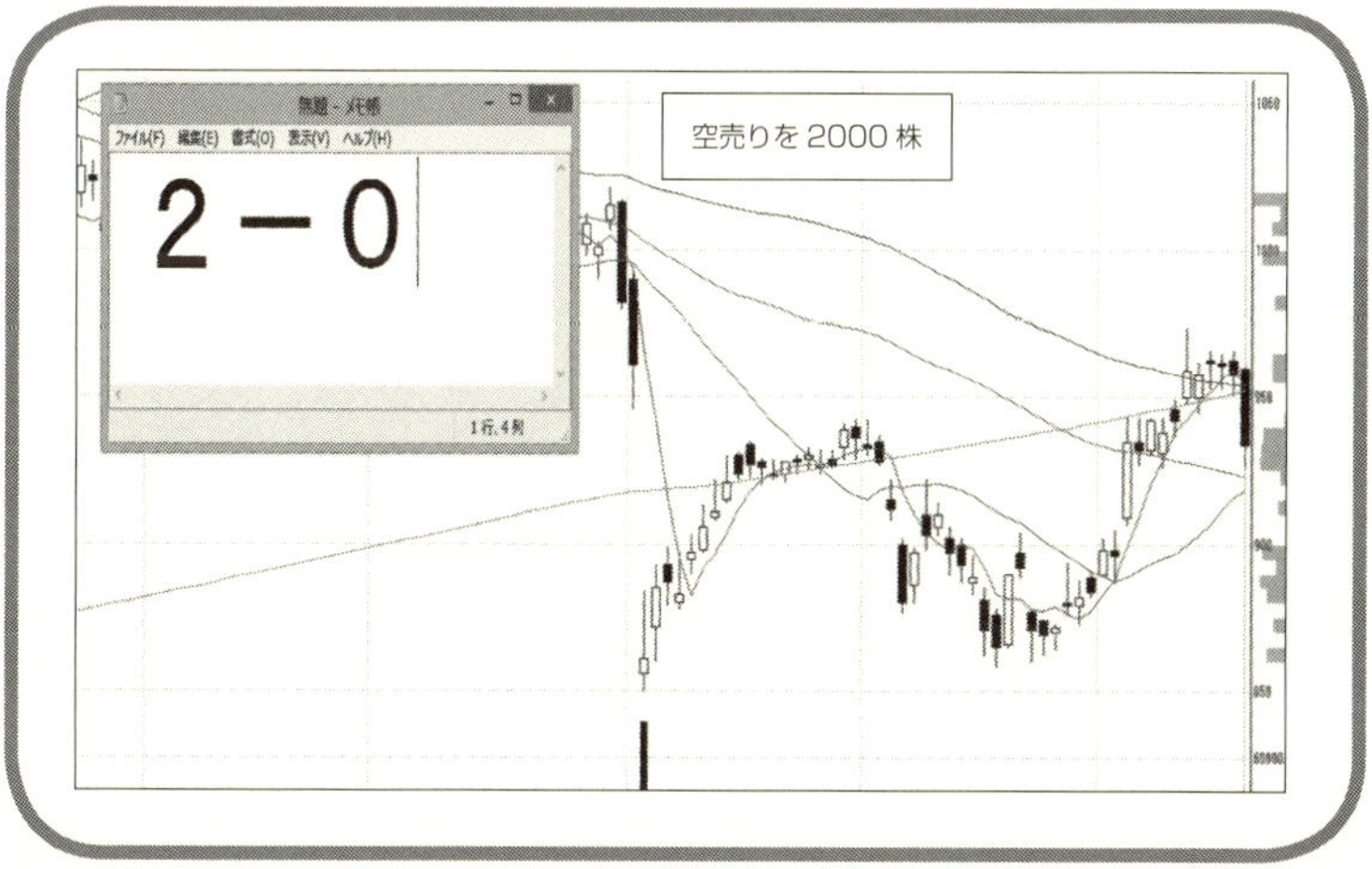

チャート⑨-7 (⑨-6から1日進んだ状態)

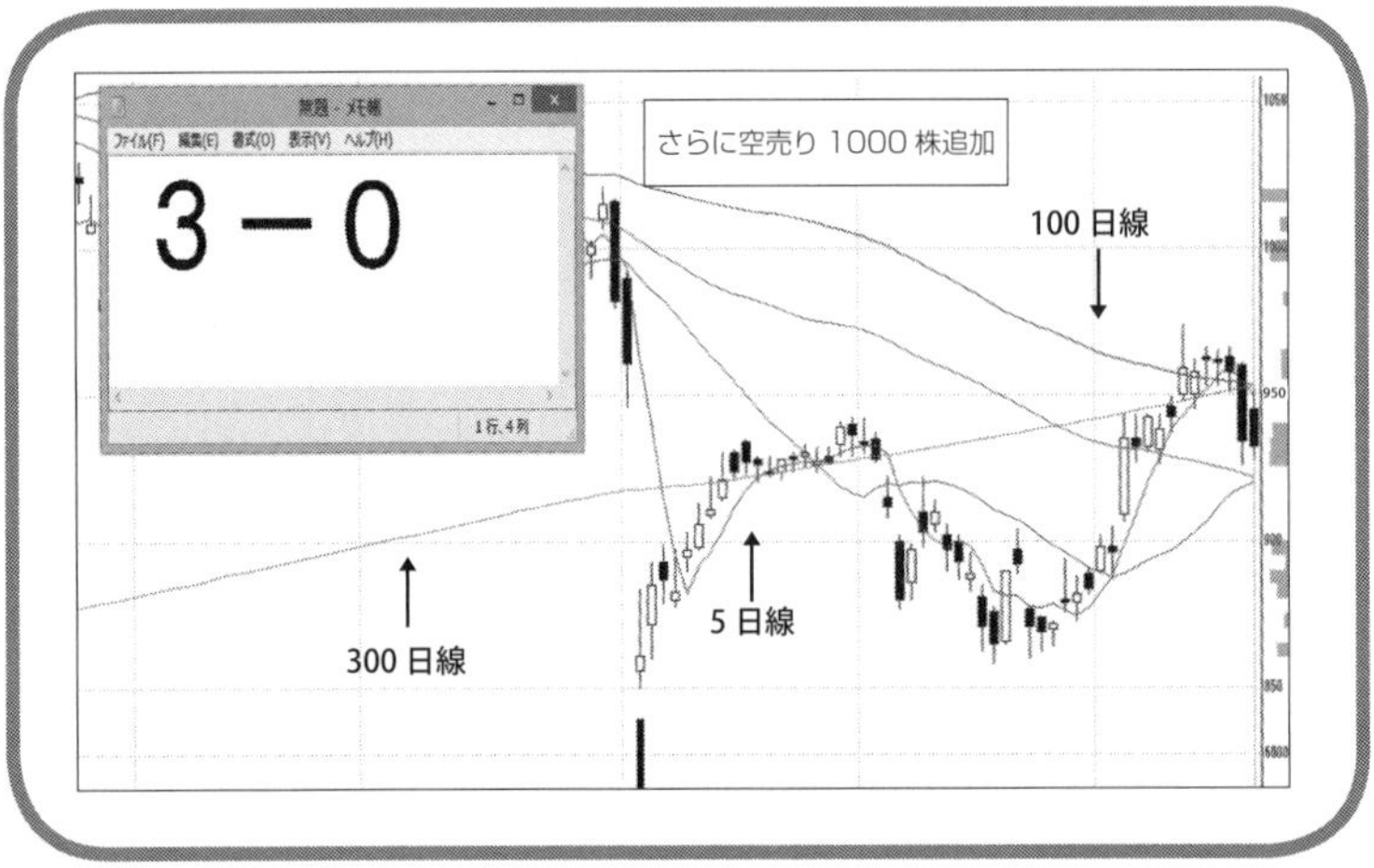

もう1日進めます。これがチャート⑨-7です。

昨日の寄付きは、一応各移動平均線の上にあります。

しかし、今日は5日、100日、300日線の各移動平均線の下に、ローソク足が陰線で抜けてしまいました。

950円という「節目」も割り込みました。このため追加の空売りを1000株入れました。パソコンの画面には、「3-0」のポジションが表示されています。

こうしてパソコンの画面を1日1日進めていきながら建玉の操作を行っていきます。

練習する期間としては、10日〜20日くらいで完結するようにします。今の例ですと、株価は950円を割り込んだこの下落が終了して、上昇に転じます。この上昇のいったんの上げ止まりで、練習終了となります。

この練習方法に、あなたは疑問がわいてきたのではないでしょうか？

そう、先がわかっているところを、もう一度トレードして意味があるのか？　わかっているんだから、できるに決まっているじゃないか、と。

ところがやってみると意外とできない。いったん下げてから上げることはわかっているからただ買う、というならば意味はありません。この練習法では、1日1日進めながら、「買う」理由を作っていきます。理屈がつけられなければ「買い」も「売り」もしない、というルールです。この縛りがあると、先がわかっているのになかなかうまくいきません。とにかく一度やってみてください。この練習の有効性を感じていただけると思います。

ところで、この練習方法にはパート2があります。

時々、先を見ないで比較的短い期間のトレードをやってみる。これはまさに腕試しです。完全に実力でやらなければなりませんから、なかなかうまくいきません。

それでも自信をなくさないでください。できなかったところは、自分の弱いところです。どう考えたらうまくいくか、深く考えてみるようにしてください。一歩一歩です。最初は弱いところだらけですが、徐々に弱いところが減っていくことに気がつきます。この繰り返しです。

あ、だんだんピアノの練習や書道の練習みたいな感じになってきましたね！

そうです。

株は技術なんです！

練習法⑤　長期「建玉の操作」の練習

練習方法のお話しの最後です。

練習法④は、短い期間のトレード練習でした。⑤はもっと長い期間のトレード練習です。

練習法①〜④で磨いた「技術」を総合的に使ってみる練習です。

ピアノの練習でいえば、練習法④は各小節を単独で弾いてみたり、いくつかの小節を続けて弾いてみたりというものです。

練習法⑤は楽譜を丸々弾いてみるようなものです。今まで練習した「技術」をすべて駆使して1ヵ月〜3ヵ月、株価の動きによっては半年の動きをトレードしてみてください。

やり方は、練習法④の期間が長くなったものと考えれば大丈夫です。

練習法④と同じように、全体の動きを先に見ておいて、ある程度動きがわかっているうえで建玉をしていく手法と、まったく動きを見ないでやってみる手法があります。

この練習も最初のころはなかなかうまくいきません。

が、そこであきらめてはいけません。できないところは、あなたの弱いところです。できなかったところを「反省」して、深く考え直すことの繰り返しが大切です

上達は、いかに練習を繰り返すか、いかに「反省」を繰り返すか、その地道な作業にかかっています。

やり抜いた人が勝ちです！

コラム

練習 練習 練習 練習 鍛錬 鍛錬

練習は「回路」を作る

9章では、5つの練習方法をご紹介しました。それぞれの練習をやっていると陥りやすいことがあります。ここで紹介するので、あなただけはそうならないように肝に銘じてください。

練習法①をやっていると最初はいろいろな発見があって楽しくなります。枚数を重ねていくとだいたいのことはわかったような気になってきます。100枚もやると、これ以上練習をしてももう同じだという気持ちになってきて、だんだんと練習をさぼりがちになってしまうんです。ほとんどの弟子たちがこの「病気」に陥ります。

しかし皆、それぞれのきっかけがあって、また練習を再開し、「やっぱり、続けるべきだった」ということに気づきます。

練習法①を続けていくと、あなたの頭の中に株価の流れを理解する回路ができてきます。最初はこの回路はまだ脆弱《ぜいじゃく》なものです。ところが練習を繰り返すことで、しっかりとした強固なものへと成長していきます。

本番のお金を使っての実際のトレードになると、「ここは買いだ！」と思えても、行動に移せない場合が頻繁に出てきます。

これを「買える。よし、入れてみよう」という実際の行動にしてくれるのが、この強固な回路なのです。

「勘」が当たったなどといいますが、プロの「勘」は、地道な練習に裏付けられた結果です。これまで作ってきた「回路」が無意識のうちに働いているのです。ただ、「勘」に頼るようではいけません。しっかりした確信をもってやれるようにならなければいけません。

「強固な回路」は、一朝一夕にはできません。あなたは、このことを信じて地道な練習を続けていってください。

「今、俺は回路を作っているんだ、とにかく回数が大事。途中で飽きがくると相場師朗が言っていたけど、ここは乗り越えなきゃならないな」と自分を励ましてください。

ただ、この「飽き」の前に起こることがあります。

それは、「できない！　わからない！」ということです。なかなかうまくいかないことで、「このままやっていて、俺は本当にうまくなるのだろうか？」と不安になるのです。

最初は難しいのは当たり前です。

私の解説を読んでは考え、読んでは考え、この本がよれよれになるくらい繰り返し読み込む。こうすればほとんどの人はできるようになります。大丈夫！　必ずうまくなります。

こうなると最初は1枚のリーディングに30分かかっていたのが、5分くらいでできるようになります。初めて行った場所にたどり着くのに、最初は1時間かかったものが、通うようになったら、慣れて40分でいけるようになったなどということはよくあることです。これと同じですね。

わかっていることと、できることは違う！

終わりにとても重要なことをお話しします。

それは「わかっていることと、できることは違う」ということです。

あのパナソニック（私が子供のころから慣れ親しんだ名称は「松下電器産業」、このほうがしっくりきます）の創業者である松下幸之助さんが、

「わが社も、社員が1万人を超えてきます。こうなると、東大のような頭のいい学校の卒業生も、入社してくるでしょう。このことに危機感を感じています」

というようなことを話されています。

その理由は、「頭のよい子は、頭でわかったことで、できたものと思い込んでしまう傾向がある」というものでした。

頭でわかったと思っても、実際にやってみると意外にできないことが多い。そして、そのわかっていることを実際に仕事に使う場面がきたが、まったくできないで悩んでしまう。

こんなことが起こるのではないか、と松下さんは心配されました。この話は、そのとおりで、トレードの世界でもまったく同じことが言えます。

私が株塾の塾生に一番言い続けてきたこともまた「わかっていることと、できることは違う！」という言葉です。

「株価が上昇を続け、ずっと5日線の上にローソク足がある。久しぶりに陰線

が出て、5日線を割り込んできた。数日、下落し陰線で20日線を踏んだ。翌日、20日線を踏んで陽線になった」

この場合、基本動作は「買い」です。頭ではわかっているけれども、実際、その場面に遭遇すると「買い」を入れられないことが多いのです。わかっていることと、できることは違う。

私が講演でよく引き合いに出す「キャベツの千切り」も同じです。キャベツの切り方はわかっています。このわかっていることも、包丁とまな板でやってみるとできない。

では、この「わかっていること」を「できること」にするためにはどうしたらいいか。

それは、「練習」をすることです。

何度も何度もやってみる。そして、またやってみる。できない。工夫をしてみる。そして、やってみる。できない。さらに、やってみる。そして、できるようになる、これが「練習」です。

「量」「工夫」「質」

「練習」では、まず絶対的な「量（数）」が必要になります。「量」をやらないと話になりません。「量」をやることで今まで見えていなかったものが見えるようになります。ただし、「量」を求めるあまり、「練習」の内容が雑になってはいけません。あくまでも、「丁寧」に。

練習の「量」を増やすと、今度は、「ここはこうしたほうが、自分にあっているな」「こう練習したほうがもっと効果が上がるぞ」ということが頭の中に浮んできます。

ぜひ、それを練習の中にとり入れてみてください。「練習」には、「工夫」が大切です。

株塾の塾生には全員に「ペイント練習」というものを続けてもらっています。これも話せば長くなるので割愛しますが、昨年私は考え出した練習方法で大変効果があるものです。私も誰よりも多く「ペイント練習」を重ねています。35年もの間トレードを続けてきても、新たな「練習方法」を考え出すことができます。

ぜひ、あなたも「量」とともに「工夫」をしてみてください。

そして、「量」、「工夫」ときたところで、最後が「質」です。

「量」をこなすことで、ある程度「質」がついてきます。「量は質に変わる」ともいいます。

これもそのとおり。ただ、ここでお話しする「質」は、意識的な「質」の向上です。

たとえば、漫然と「ああなったら、こうなる」を練習するのではなく、猛烈に集中して「これ以上ない」と思えるまでやってみる。


ほかにも、こういうのはどうでしょう。

「今月の練習は100日線とローソク足の関係を徹底的に分析しよう。そして、その分析結果をもとに、過去20年間分のチャートを使って、100日線近辺での建玉の操作を練習してみよう」


これは燃えますね!


「練習」の要諦は、「量」、「工夫」、「質」です。

「そこまではできない、したくない!」というあなた。

仕事で一日何時間も働いて、大切に稼いだお金を投資するのです。練習なしのトレードなどギャンブルと一緒です。

これぐらいやらなくてどうする! と私は思います。

第10章

いざ本番！

「銘柄選び」と「心構え」

銘柄選びのポイント

出来高は多いほうがよい

本番のトレードで一番問題になるのが、銘柄選びだと思います。

私の売買法の基本思想には「株価は上げ下げを繰り返している」という事実があります。株価が上げ下げを繰り返しているのであれば、上げは「買い」で取り、下げは「売り」（空売り）で取ることができます。できれば規則正しく上げ下げを繰り返してくれるのが理想です。

たとえば、400円まで下落すると下げ止まり上昇に転じる。800円まで上昇すれば上げ止まり下落に転じる。この規則正しい繰り返しが行われてくれれば、400円で買い、800円で手仕舞い、800円で空売り、400円で手仕舞いをすれば、あとは出来高さえあればいくらでも利益が出てしまいます。

しかし、残念ながらこんな銘柄はありません。

では、この動きに近い銘柄はないか、ということになります。まったく機械的ではないけれど、比較的きれいな上げ下げを繰り返す銘柄です。

これは結構あります。JPX400に採用されている銘柄であるとか、日経225に採用されている銘柄がそれです。この中でも出来高が多い銘柄は、きれいな上げ下げの繰り返し、つまり「うねり」を作ります。この「うねり」を利用して利益を取っていくトレード法を「うねり取り」と呼んでいます。このトレード法の起源は江戸時代にさかのぼります。


出来高が多いということは「売る人」と「買う人」がそれぞれたくさん存在しているということです。参加者が多いということは、「売る人」もあれば「買う人」もあり、その時々でひとつの「傾向」ができやすくなります。それが、上げ下げの「うねり」を作るわけです。


こんなことがありました。

海外出張中の私の携帯電話に、証券会社から電話がかかってきました。内容は、「証券コード1560のETF（取引所に上場されている投資信託）を大量にお買いになっていますが、何かお考えがありますか」とのこと。東京証券取引所から証券会社に緊急の問い合わせがあったのだそうです。私には覚えがありませんでしたが、ふと「あのことかな」という思いが浮かんできました。

後場の寄付で、証券コード1570のETFを3000株買おうと思っていたのですが、そのときは多忙だったため、「買い」を入れたのは、後場が始まった少し後になっていました。

「買い」を入れた少し後に、注文履歴を見ると「１５７０」ではなく「１５６０」を買ったように出ていました。

「まずい！　証券コードの入力を間違った！」

どんな銘柄なのかを見ると、まったくわからない銘柄。チャートはどうなっているか見てみると、私の買いで大暴騰していました。１日の出来高が50株位しかない銘柄を１秒で３０００株買ってしまったのですから。

この後、すぐに手仕舞いの「売り」を入れられたのですが、今度は大暴落をしてしまいました。

ほんの3分くらいの間に、大暴騰と大暴落をひとりでさせてしまったのですから、証券取引所としては怪しむはずです。証券会社には事実をお話ししておきました。その後、しばらくは私のトレードは監視対象になったかもしれません。

さて、このエピソードで何をお話ししたいか言いますと、出来高が少ない銘柄は、私のような注文ミスだけでなく、誰かが気まぐれや何かの考えで、いつもと違う売り買いをすると、チャートが崩れてしまうということです。「１５７０」であれば、参加者がたくさんいますから、私が３０００株（約３０００万円分）売っても買っても、３万株（約３億円分）売っても買っても、チャートに影響を及ぼしません。

このように、私があなたにお勧めするトレード銘柄は、出来高が比較的多い銘柄です。どれくらいの出来高があればいいかというと１日50万株、できれば１００万株以上です。これだけあれば、株価はわかりやすい上げ下げを作ってくれます。また、あなたが買っても、売っても株価が大きく動くようなことはないと思います。

５００円で購入した株が５６０円になったので、利益確定しようと思って「売り」を入れたら、自分の「売り」で株価が下がり、４９０円になってしまった…。

出来高が多ければ、こんなことにはなりません。

推奨銘柄で株価が動くことがある

出来高の件で、もうひとつあなたに注意していただきたいことがあります。

それは、一部の投資顧問の推奨銘柄のことです。

たとえば、「日本コンセプト（９３８６）を会員向けに推奨したら、大当たりだった」と言った投資顧問がいました。

さっそく、この銘柄の出来高を見てみると、何と１日の出来高が２万株。多いほうではありません。その投資顧問の会員が、ひとり1000株ずつ買ったとしたら、20人でこれまでの1日分の出来高と並んでしまいます。なんのことはない、上がる銘柄を推奨したのではなく、推奨したから上がったのです。

もうひとつ、他の投資顧問が会員向けに竹本容器（4248）の推奨をして、値上がりしたことがあります。この会社の1日の出来高は3000〜5000株程度です。もうおわかりですね。この投資顧問の会員3人が1000株ずつ買えば、これまでの1日の出来高を越えてしまいます。

投資顧問が、出来高の非常に少ない銘柄を、顧客に推奨することに、私は疑問をもっています。もちろん、大多数の投資顧問会社は、クライアントのために真摯な活動をされています。しかし、自分の取扱い銘柄が顧問会社の「推奨」で左右されるのを防ぐためにも、出来高は多いものを選びましょう。

自分にあった銘柄とは

いきなりですが、ある女性について「お、すげーかわいいな」と思う人と、「そうでもないよ」と思う人がいるのは、ご理解いただけると思います。車の好きずきも、結構個人差がありますね。落ち着いたセダン系が好みの人。ポルシェやフェラーリのようなスポーツ系が好きな人。

ちなみに我が家の車は、リンカーンナビゲーター。バカでかい車で、SUV系です。

この他にも、私は日替わりで違う車に乗っています。

色でいうと、黒、白＋青、緑＋黄色…。

「変わった色だな」と思われた方、鋭い！　そう。タクシーを使っていますから…忙しくて免許の更新をしないまま時が過ぎ、今は、無免許になってしまいました（笑）。

さて、本題ですが、人はそれぞれものの感じ方が違います。チャートの上げ下げの値動きの感じ方も、人それぞれなんです。私が「取りやすい動き」と感じても、ある老相場師は、「私には動きが速すぎて…」となることもあります。

要は、自分が「読みやすい」動き、「建玉の操作」をしやすい銘柄を選ぶことです。こればかりは、感覚になってきます。

ただ、そうは言っても、最初はどのような動きが「読みやすい」動きなのか、「建玉の操作」をしやすい銘柄なのか、わからないと思いますので、いくつか例をお見せします。

チャート⑩-1を見てください。

この動きを見てあなたは、取れそうだと思いますか？　私は、取れそうな気がします。

チャート⑩-2は、同じ時期の東京海上ホールディングスの日足チャートです。これはどうでしょうか。私は取れる感じがします。

では、196ページのチャート⑩-3を見てください。

これはどうもやりにくい感じがします。その下のチャート⑩-4はどうでしょうか。これもやりにくそうです。


前者ふたつのほうが、よりわかりやすい「うねり」になっていますね。ただ、後者ふたつも、まったく「うねり取り」に適していないわけではありません。


もっと動きに統一性のない銘柄を挙げたかったのですが、見つかりませんでした。

理由は、私がチャートに登録してある銘柄は、どれもJPX400（正式名称：JPX日経インデックス400、日本を代表する優良銘柄400社で構成されている株価指数）に採用されている銘柄だからです。

チャート⑩-1（9432 日本電信電話　2012/5/18～2012/10/9・日足）

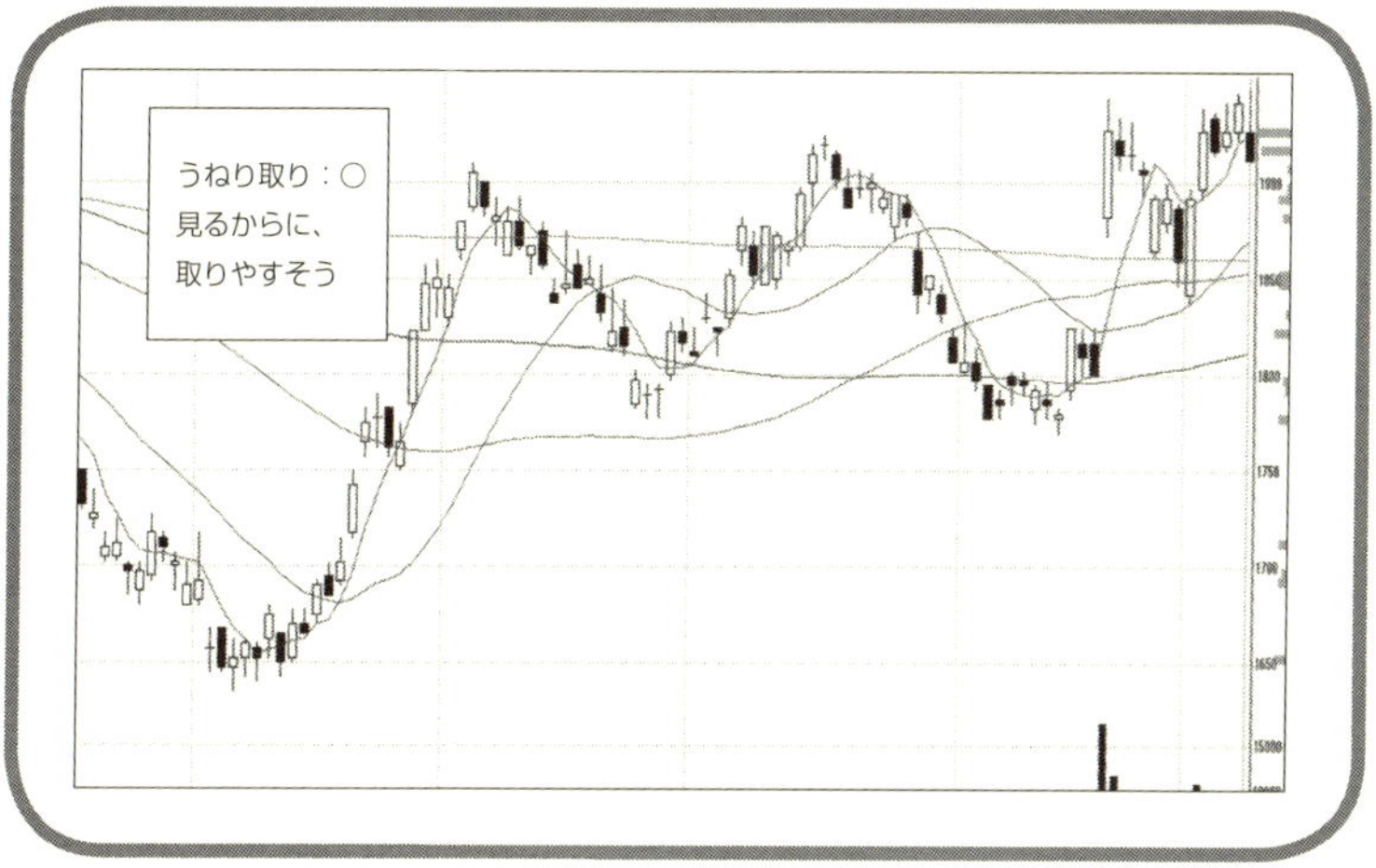

チャート⑩-2（8766 東京海上HD　2012/5/18～2012/10/9・日足）

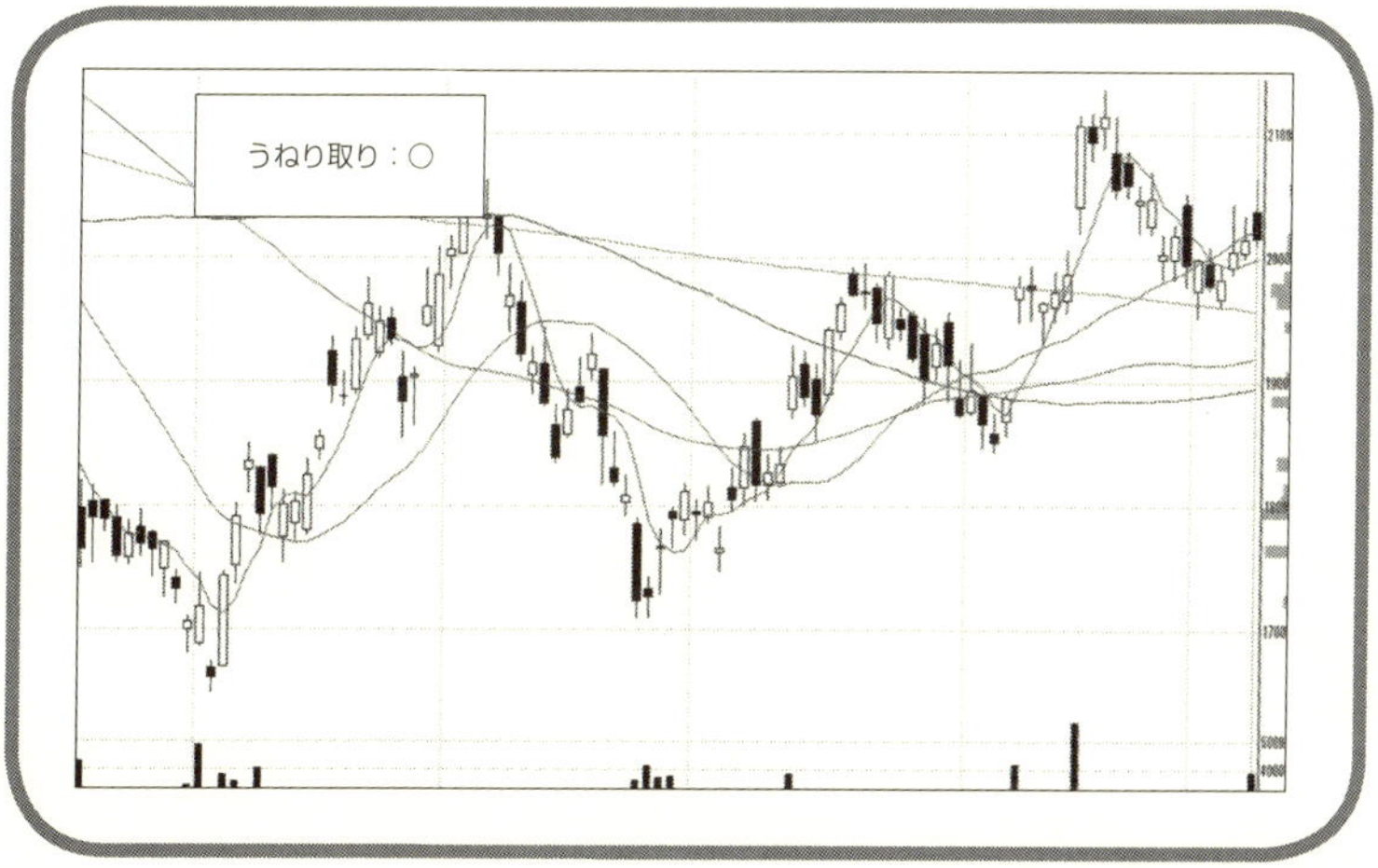

チャート⑩ -3 (8202 ラオックス・日足))

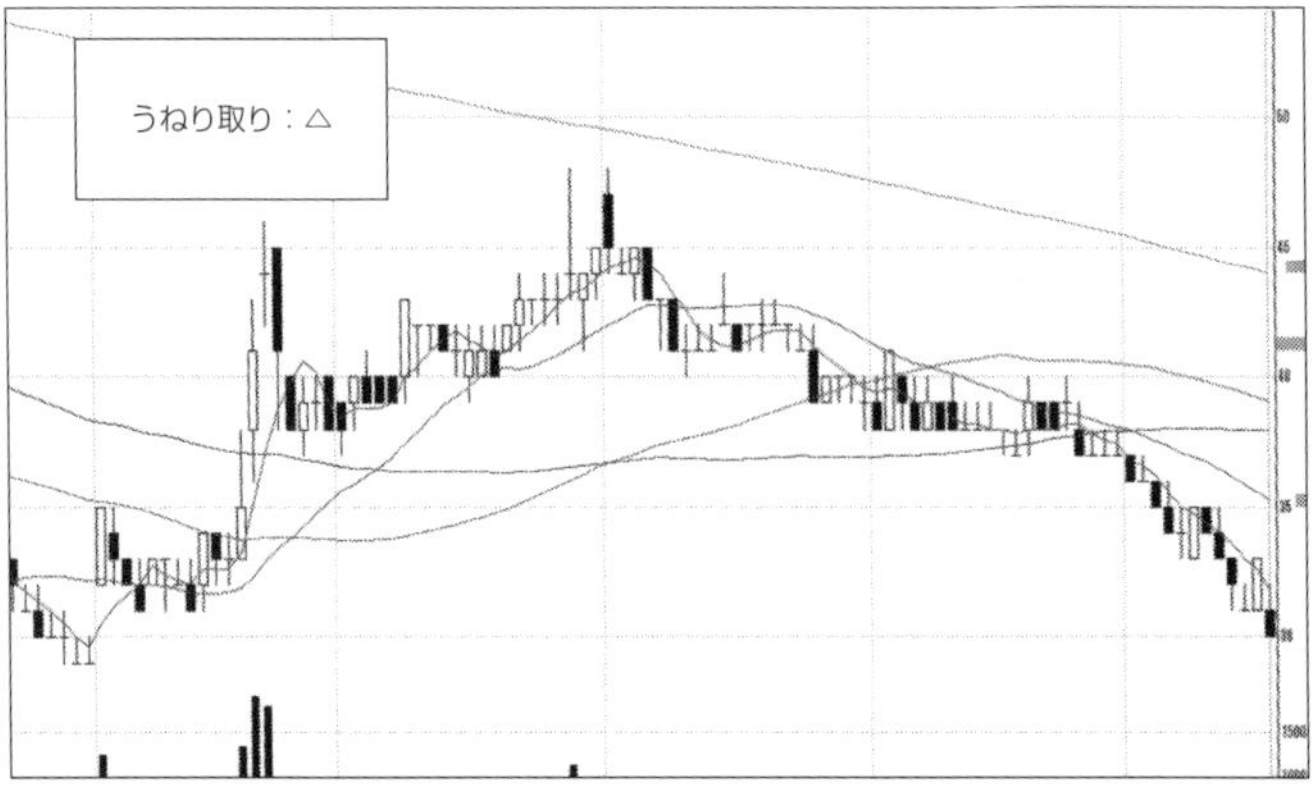

チャート⑩ -4 (6495 宮入バルブ製作所・日足))

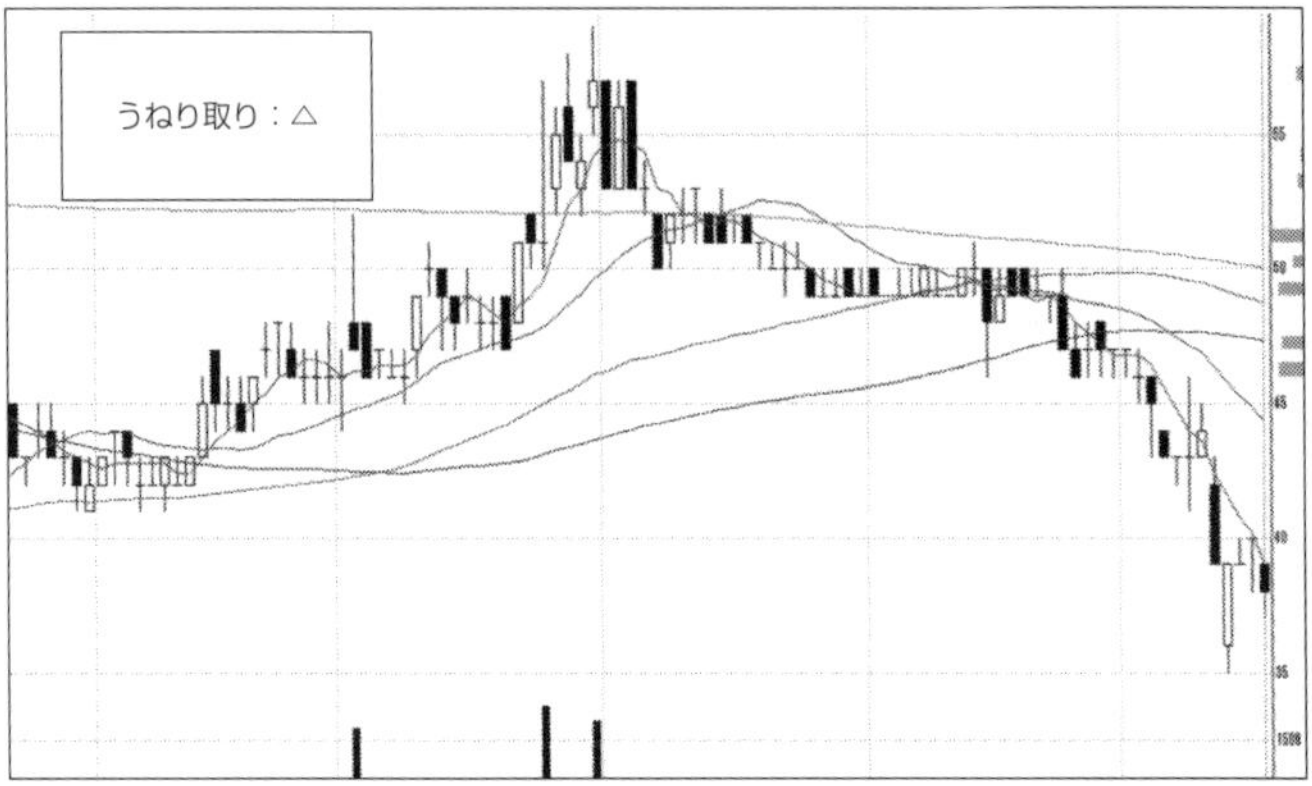

つまり、出来高もそこそこあり、よい動きをしている銘柄が多いのです。

東証2部に登録されている銘柄や、マザーズ、ジャスダックに登録されている銘柄の中には、やりにくいと感じる銘柄もたくさんあります。それだけ、出来高の少ない銘柄が多いということです。ただし、企業の名誉のために言いますが、出来高が少ないからといって、その会社の中身が悪いわけではありません。あくまで、ここで話しているのは、私のトレード手法に向いているかどうかです。

貸借銘柄であること

最後に大事なお話しをします。

「貸借銘柄《たいしゃく》」のことです。「信用取引」において「空売り」ができる銘柄のことをいいます。空売りの仕組みについては、38ページで説明しましたね。

実は、東京証券取引所に上場されている銘柄の中には「空売り」ができない銘柄もたくさんあるのです。本書の技術で投資を行うには、信用取引ができて、空売りができる銘柄を選ぶ必要があるということです。

大化け銘柄は狙わない

インターネットの検索をしていると、「2倍、3倍銘柄続出」、「10倍銘柄を狙い撃ち」といった広告を見かけます。

ここで問題です。テレビのニュースなどで「今日の東京株式市場は株価が大きく下落しました」と報道されたり、新聞に「東京市場暴落」と書かれたりする時の、「下落率」はどれくらいだと思いますか？

２０１５年12月から２０１６年1月にかけて非常に大きな下落がありました。これでも、値幅で日経２万円から１万６０００円まででした。下げ率に換算すると約20％です。報道で大騒ぎされる下げは、だいたい13～15％ですから、この下げは非常に大きなものだったことがわかります。

「暴落」とよばれる下げでもこのレベルです。

「2～3倍銘柄続出、10倍銘柄狙い撃ち」は「２００～３００％銘柄続出、１０００％銘柄狙い撃ち」という意味です。35年間、株の技術を磨いてきた私でも、こんなことはできません。

確かに、アベノミクスや小泉バブルでは、株価が2～3倍になった銘柄も多数ありました。小泉バブルでは、5年間で日経平均株価は約2・5倍になりました。

ただ、これには5年かかっています。人にもよりますが、通常5年間同じ銘柄を持ち続ける時というのは「塩漬け」です。

宣伝文句で「2倍、3倍、10倍…」を謳《うた》っている時、発信側も、受け取り側も5年後のことを想定しているわけではないと思います。1年後も、半年後も想定していないのではないでしょうか。

その前に、10倍銘柄を狙い撃ちできるのであれば、他人に教えず、自分でこっそり買ったほうが大儲けできるのでは…と思ってしまいます。

私は、大化け銘柄・暴騰銘柄を狙うのではなく、地道に上げ下げを取っていくことをお勧めします。

実は、これでも年2~3倍にはなってしまうんです!

1年で元手を2~3倍にした弟子は何人もいます。

しかし、誰もギャンブルのようにドカンと稼いだわけではありません。

一銘柄の株価の流れを読んで、その上げ下げを地道にトレードしただけなんです。

この方法なら、あれこれと銘柄を探さなくても、扱い銘柄のすべてが2~3倍銘柄になります。

チャート⑩ -5（1911 住友林業　2014/9/30 ～ 2015/1/22・日足）

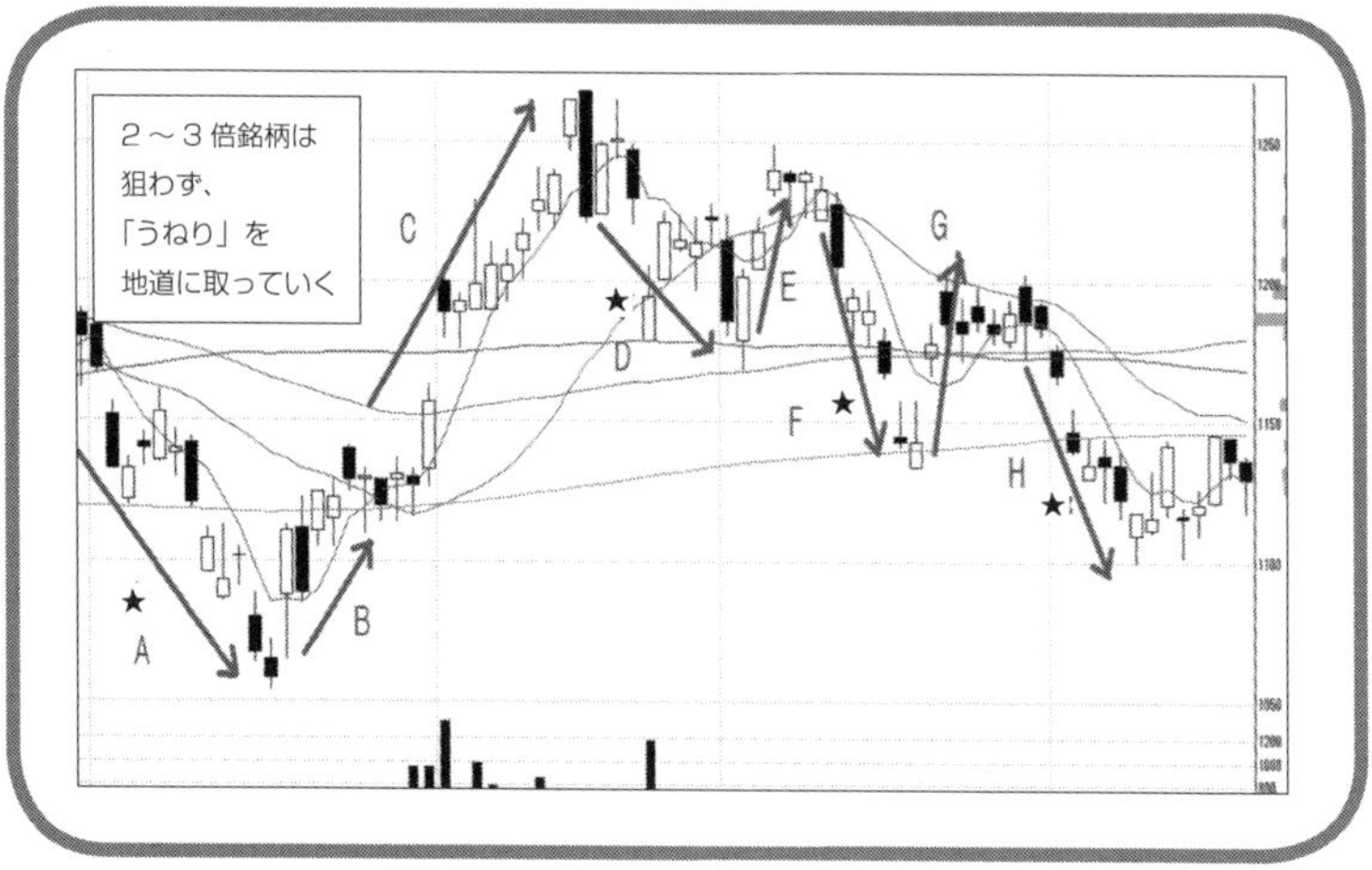

チャート⑩ - 5を見てください。

あなたの今までのトレードがこれまで「買い」のみだったとしたら、B・C・E・Gの値動きだけが儲けるチャンスです。

一方、「空売り」を併用すると★の部分でも利益をあげる可能性が出てきます。

A～Hのすべてがチャンスになるのです。

「2～3倍銘柄」を狙うのではなく、この「うねり」を地道にトレードして稼いでください。

「ザラ場」トレードは行わない

よくトレード時間についてのご質問をいただきます。

私が「売り」、「買い」をする時間は、原則毎日14時30分～15時のみです。基本的にはそれ以外はやりません。日中、株価を見ることもほとんどありません。

株大好きの、あなたにとってはつらいですね！

株が好きで好きでしょうがない。パソコンの画面で、日中「ピラピラ」と点滅するあの値動きを見ているのが大好き！　という人も多いと思います。

お気持ちよ～くわかります。

そんなあなただから、この本をお読みになっているんだと思います。あの本も買った、この本も買った、これで最後！　とこの本も買ってくださったことと思います。

安定的な利益を得続けるためには、まぐれではないトレードをする必要があります。そのために必要なことは、流れを読んだトレードを行うことです。

ある人の次の行動を読もうとする時、どのようなことをしたらいいと思いますか？

多くの場合、単発の行動だけで判断しないと思います。継続的に行われるかどうか、しばらく観察するはずです。

トレードでも同じことが言えます。

しばらく観察して、「流れ」なのか「一時的な動き」なのかを判断するべきです。こう考えると、ザラ場（日中の細かい売り買い）の動きの中で判断することは難しいと思います。

その集大成である「日足」の連なりを「流れ」ととらえるのが賢明です。

このほうが、次の戦い方をじっくり考える時間と余裕ができます。

以上のことから、私があなたにお勧めしたい売買時間はこうです。

「15時の引けでできたがったローソク足（日足）をもとに検討して、翌寄付き（9時の市場が始まる時）の前にオーダーを入れる」

つまり、「日中のトレードはしない」ということになります。

練習95：本番5

すでにお仕事をリタイアされていて時間があり、株が大好きで大好きでたまらない、という方も同じです。日中の時間は、ザラ場のトレードをするのではなく、「練習」の時間にあててください。

私の、弟子たちへの口癖は、「わかっていることと、できることは違う！」だけではありません。「練習95：本番5」もそうです。

日中、ザラ場で悪戦苦闘している時間があれば、その時間は「練習」にあてなさいということです。練習で、値動き感覚の「回路」を作り、そのとおりに本番で売り買いする。

練習で技術を高めて、本番で力を発揮するのが理想です。

ただし、これがなかなかできない。本当にできない。できない。できない。できない。

私の弟子たちが、その成長過程で一番悩むことです。

原因は、何か。それは、練習不足。

練習は誰のためにするのか、それはあなた自身のためです。ご自分とご家族のために、彼女のために、ご両親のために、あなたは時間を作って練習を重ねるべきです。

その「決断」をするべきなんです。一度「決」めたら、その目標を達成するために他の雑事を「断」つ。言い訳はなし！


練習の先に、明るい未来があります。練習は裏切りません。

反省も重要な仕事

本番にも練習にも「反省」はつきものです。

これは、うまくいった時も、失敗してしまった時も同じです。


世の中の投資家のほとんどは、練習なしの「本番」です。

しかも、うまくいかなかった時は、「塩漬け」か「損切り」をして、次の銘柄を探すということが多いのではないでしょうか。


株は技術です。この観点からいうと、うまくいかなかったトレードには「原因」があります。そこを徹底的に追及することで、自分の弱点がわかります。

買い下がりに弱いのか、売り上がりに弱いのか、ＢＯＸ（一定内の範囲で小刻みに動くこと）に弱いのか、ヘッジが下手なのか。

練習では、基礎練習の他に自分の弱点に集中したメニューも必要で大切です。

日本将棋連盟会長の谷川浩司《たにがわこうじ》さんと囲碁の名人・井山裕太さんが『勝運をつかむ』（致知出版社）という本の中で対談をされています。

この中で「負けた時こそ自分の悪いところと向き合い追及する」と話されています。

「負けをいかに生かすか、それが次への糧となる」

「なぜ、負けたか、その反省がなければ成長もない」

とも話されています。

まさにそのとおり。プロが仕事に臨む姿勢です。世の中で成功をおさめたプロの方たちは皆同じことをしているはずです。強ければ強い人ほど、そうしていると思います。

よし、わかった。相場師朗の言うとおりだ！　と思われた方。まだ危ないです。

話がわかっても、実際にやらない人が非常に多い、ということを私は知っています。これも前にお話しした「わかっていることと、できることは違う」という言葉に表されています。

株価が下げ止まり、底の辺りで小さな上げ下げを繰り返している。これはまさに「底練り」の動きです。これから大きく上昇する寸前だと考えます。そこで、少しずつ「買い」を仕込んでいきます。

ところが、今日「底値」を陰線で割り込んでしまいました。

ここで、どうしたらいいか。

いくつか方法はありますが、まずヘッジの空売りを入れる。そして、買いの一部を手仕舞う。これが基本です。

なのに多くの人が「いや、明日は復活するだろう。その証拠に…」などと、希望的観測に頼るのです。

そして、これが大きなマイナスになっていきます。

こういう時こそ「反省」です。

『よし、このチャートをプリントして注意書きと一緒にノートに貼り付けておこう。そして、時々この「反省ノート」を見直そう』

こうできれば、どれだけのちのトレードに活かせるか。

多分、「反省ノート」を作っても、見直す人はほとんどいないと思いますが…。しないに1000円！　あ、ギャンブルはいけませんね。

お勧めの反省法

株塾ではいろいろな反省方法をご紹介していますが、これはどうでしょうか。

「証券コード　銘柄名、○月×日、○○○○株空売り」

証券会社の売買明細は、こんな感じになっていると思います。

このトレードで失敗し、大きめの損失を抱えた、とします。

この証券会社の売買明細をプリントし、ノートに貼り付けます。同じページか隣のページに、この○月×日から3ヵ月くらい前と半月後くらい後までのチャートを貼りつけます。

そして、○月×日の時点に印をつけます。

このチャートの「移動平均線とローソク足との関係」などを見て、「ああなったら、こうなる」思考や「こじつけ」思考で反省します。

そうすればたいてい、

「どうして、こんなところで空売りなんてしてしまったんだろう」

という結論になります。

この手続きは、かなり有効です。

そして、これを発展させて、

「このような場合は、どこでどう買ったらよかったか。さらに利益を伸ばすためにはどうしたらよかったか。もっといい方法はなかったか」

と考えましょう。これができれば、より進歩につながります。

「反省」は後処理ではなく、非常に重要な現在の仕事なんです。

これを肝に銘じてください。

第11章

「職人」を目指す決意

「練習」を続ければ、世界が変わる！

「餅を愛し、餅に生きる」

10年くらい前でしょうか。私の乗ったタクシーが信号待ちで止まった時です。

ふと、右手の窓の外に目をやると、ビルの1階にある商店の看板が目に入りました。その看板には、「餅を愛し、餅に生きる」と書いてあります。

この時、とても感動したのを覚えています。

最初は、何のことかわかりませんでしたが、何か迫力のようなものを感じました。一筋に向かって進む決意のようなものです。

この看板は、「もち吉」という、せんべい屋さんの看板でした。

それで、「餅」なのかと後で納得です。

私は、株一筋。株トレードの職人を目指しています。同じトレードをするのでも、

「俺は職人だ！」

と思ってやると厳粛かつ一筋な気持ちになってきます。集中力もわいてきます。

本章では、今までの投資法や心構えを振り返りながら、あなたが株の技術を磨き続けるための道しるべを示したいと思います。

「希望の光」に立ちはだかる障害

ここまで読み進めてくださったあなたは、「株は技術だ！」の意味をよくわかってくださったと思います。「技術」としてトレードをとらえた時、あなたには新しい世界と希望が開けてきたのではないでしょうか。小学校の時の書初《かきぞ》めで「希望の光」というのを書いた覚えがあります。先に「光」が見えない状態では、頑張る気持ちも失せてしまいますが、「希望の光」が見えていれば、何とか頑張ることができます。

私の弟子たちの中でも、この「株は技術だ！」の言葉に「希望の光」を感じて入門してきてくれた人がたくさんいます。

さて、「株職人」を目指そうと、この本を読んで「決断」してくださったあなたですが、これからのあなたにはいろいろな障害が待ち受けています。

コラムでもお話ししたように、最初はすぐに理解できない箇所もあります。このまま練習して、本当にできるようになるのだろうか、と悩んでしまう時もあるかと思います。

これは当然のことだと、覚悟して臨んでください。あなたが自転車の乗り方を覚えた時のことを思い出しましょう！　掛け算の九九を覚えた時のことを思い出しましょう！　最初は、まったくできませんでしたが、今は何でもなくできるようになっていると思います。

何度も何度も深く考えていると、ふと、「あっ！　なるほどそういうことだったのか」と、目の前がパッと開けることがあります。

あなたには、この経験をこれから何度も経験していただきたいと思います。私も今までに何度となく、この経験を重ねてきました。そして、現在進行形です。

成功者は、難なくものごとをこなして、うまくいっているように思われがちです。しかし、高いレベルの方々はその高いレベルで、毎日悶々と考え、いき詰まり、突破することを繰り返しているのです。成功者とうまくいかない人の違いは、この何度も訪れる「障害」を乗り越える気概をもっているかどうか、だと思います。

能力は関係ない

あなたがプロ級のトレーダーになるための練習方法は、前章でお話ししました。

プロ級を目指すのであれば、できるだけ早くあなたの頭の中に、株価の動きを読むための「回路」を作るべきです。「回路」を作るためには、まずたくさんの練習をしなければなりません。

株で利益は取りたいけれど、今までどおりの生活を続けたいので、練習にはあまり時間を割きたくない、という方も多いかと思います。

しかし、残念ながら株価の動きを読むための「回路」は、まずはたくさんの練習をしなければできません。練習の量は、多ければ多いほうがいいのです。

ご自分の明るい未来のために、この本を手にした今が頑張り時です。

中学校の時に勉強せず、希望の高校に行けなかった方。高校時代、勉強をサボってしまった方。仕事に就いて怠慢な生活を送ってしまった方。

それは、過去のことです。今から一念発起して練習をすればまったく大丈夫。

アメリカに生まれ、生まれてからずっとアメリカに住んでいる人は、全員英語がペラペラなはずです。私だって、あなただって、そうだったら今頃、英語はペラペラなはずだったのです。

能力は関係ありません。いかにその環境に身をおいて、使ってきたか。

株価の流れを読むための「回路」作りも、まったく同じです。

今からでも大丈夫、一念発起して練習を始めようではありませんか！

結局、「練習」したものが勝つ！

練習は何から手をつけるべきか

9章では練習法を5つ紹介しましたが、初めは、
・リーディング練習
・「ああなったら、こうなる」の練習

がお勧めです。

ローソク足と移動平均線の関係を意味づけしながら、できるだけたくさんの量をこなすようにしましょう。本当は毎日の練習が望ましい。これはあなたの決断次第です。早くできるようになりたいなら、それだけ量を多くこなすこと。

練習を重ねるにしたがって、だんだんと私がお話ししている「回路」ができてくるのを実感できるはずです。

「チャートって、まるでストーリーがあるようだ」

と感じることでしょう。

そして、ある程度の「回路」ができてきたら次のステップです。このふたつの練習を続けながら、「建玉の操作」の練習を始めます。これも、やればやるほど上手になります。注意点は、10章でお話ししたとおりです。壁は何度もやってきます。必ず乗り越えられますから、これを信じて、壁に負けず、乗り越えることです。

「英会話習得で一番大変なことは、テキストを開くこと」

です。

「実弾」投入は段階を踏む

練習を重ねていくと、実際にお金を使ったトレードがしたくなってきます。私の感覚ですと、「もういいかな」と思ったタイミングでは、ぐっと我慢。その時点から、もう少し練習をしてからのほうがよいと思います。何せ、「実弾」（現金）を投入するのですから。

ところで、実際のお金を使ったトレードでも、練習が必要です。自動車教習所にたとえるならば、「路上教習」にあたります。リーディング練習などが教習所の中での走行としたら、教習とはいえ公道を走るのです。

実弾投入での練習では、以下のふたつを守って進めていきます。

①選んだ銘柄の最少取引単位でのトレード

銘柄によって最少取引単位が決まっています。A銘柄は、100株単位、B銘柄は1000株単位、C銘柄は1株単位、のようになっています。

A銘柄なら100単位ですから、最初から500株、1000株ずつ売り買いしないということです。あくまで練習ですから、利益のことよりも、慣れることを優先してください。

②確度の高いところでエントリー

自信のあるところでエントリー（売りや買いをすること）して、正しい建玉の操作をすることだけを考えてください。練習を重ねてくると「この場面は自分にとってやりやすい」、「ここだったら、他のところより自信がある」という場面がわかってきます。

たとえば、「ああなったら、こうなる」の練習をしているとします。

20日線まで上昇すると下がる。これを繰り返している銘柄があるとします。この銘柄が初めて20日線を越えて、次に60日線にトライするも、届かず陰線で下落する。こんな場面は、空売り成功の可能性が高いところです。

ここでエントリーして、下げてきて最初に陽線が出たら、空売りを手仕舞ってしまいましょう。最初はこんなものでOKです。お金をなくさないように成功体験を重ねることが大切です。

これでも、全部うまくいくわけではありません。60日線まで上昇して陰線をつけた後は、かなりの確率で下落するはずですが、100%そのような動きをするわけではありません。翌日、陽線をつけて上昇してしまうこともあります。

この時には潔く手仕舞ってしまうか、建玉の操作を行うようにしましょう。

しばらくの間は、「わかばマーク」（初心者マーク）をつけたドライバーですから、自信のある場面でのエントリーと早めのエグジット（手仕舞い）を心がけるべきです。

早く利益を取りたいという気持ちが先に立つと、多めの株数であやふやな場面でエントリーしてしまいがちです。そうなるとエグジットも遅くなり、大やけどをしてしまうこともあります。

早いうちに、「確度の高いところでのエントリー」と「早めのエグジット」を身につけましょう。

この路上教習も何度も何度も繰り返してください。そして、その裏では（教習所内での）練習を継続しています。練習95：本番5の姿勢が大切です。

月収100万超えも夢ではない

プロ級になるということは、練習と実戦の繰り返しの中で、この「確度の高いところ」と見抜ける箇所を増やし、そこで実際にエントリーできるようになることです。

路上教習で、2000円の銘柄を1株トレードしていたとします。この場合、1回の下落が1％としても1株20円の利益になります。1・5％であれば30円。このくらいの動きは日常的な動きです。

将来、もし、あなたが成長を遂げて、この場面で1万株の空売りを投入することができたなら、利益も1万倍の20〜30万円です。

一度に並行してトレードする銘柄を3銘柄として、同じようなトレードをしたとします。そのとき利益は60〜90万円になります。このくらいのことは、1ヵ月で3回はできますので、月収180～270万円も、夢ではありません。

株は「技術」です。そして、技術には再現性があります。

練習を繰り返し、熟達すれば高確率でできます。月収180～270万円は、年収に換算すると2160万円～3240万円となります。サラリーマンであれば大企業の役員クラスです。

株トレードは、税制の面でも有利です。これだけの収入を給与として得た場合、40％程度の税金が課されますが、株トレードによる利益には、一律20％です。

挑戦してみない手はありませんね。

ただし、あくまで段階的にです。

サーカスの綱渡りと同じです。

最初は30㎝くらいの高さから練習を始めます。慣れてくると50㎝に。さらに、慣れてくると1mに。練習を積み重ね、やがて、5mの高さの綱渡りができるようになります。

株のトレードでも、早く多くの利益を出したくて、つい多くの株数を取引しがちになります。しかし、これは急に5mの高さの綱渡りに挑戦するようなものです。ここは、誘惑に負けないように。急がば回れです。

練習こそが「お金持ち」への最短経路

あなたは、淡々と気負わず、日々の練習と実戦を積みあげていきましょう。

そうすれば、ある時期から、年2～3倍を目指せるようになっていきます。

まぐれではなく、再現性のある「技術」で100万円を1年で200万円にした人は、その翌年、この200万円を400万円にすることができます。

綱渡り30㎝の高さでできた人が、2mのところでできなくなってしまうのは、メンタルが原因です。

メンタルは、練習の「量」でカバーできます。その量こそがブレない自信の裏付けになるのです。

「負けない！」3箇条

「時間軸」に負けない！

練習でも、本番のトレードでも、時間が必要だということを理解してください。

練習においては、積み重ねが必要です。丁寧な積み重ねが力になっていきます。

食事をした後、胃の中での処理、腸の中での処理、その他での処理が行われて、血や肉ができていくようなものです。

米の苗を植えて、米を収穫するまでには、それなりの時間がかかります。

苗を植えてすぐに米ができないからと言って諦めてはいけません。

手入れを欠かさなければ、苗は育っていき、やがて、おいしいお米になります。


「この土地では、米は育たない」

と、他の土地を探す人もいます。この人は、他の土地に移っても同じことを考えて、また別の土地に移ってしまいます。こういう人は、土地から土地を転々とします。ひとつのことを究めるということをしません。


一方、最初の土地を丹念に耕し続け、日々、工夫を重ね、同じ土地で努力を続けている人もいます。うまくいかない原因を考え、この課題に取り組みます。

やっと、この課題を解決すると、また新たな壁にぶつかってしまう。

また苦しんだ末に、この課題をやっとのことで解決します。

この努力が「技術」につながるのです。今までできなかったことができるように、これが「練習」です。「練習」を重ねるなかで、できないことは少なくなっていきます。

もともとの土地が本来米の育たない土地であったなら、努力は報われないと思います。

しかし、私の手法は「米が育つ土地である」と自負しております。

あとは苗植え、手入れの苦しい時間に負けないことです。我慢が必要です。

練習で心が折れそうになった時、自分に言い聞かせましょう。

『「時間軸」に負けない！』と。


さて、練習はともかく、本番でも時間が必要になる、とは一体どういうことでしょうか。


たとえば、本番トレードをしているとします。

底練り中、あなたは、次の上昇局面を狙った買いを溜めています。底値は固まってきました。今回は2回目の20日線トライです。

「よし！　今度は飛び出すぞ！」

しかし、出たのは陰線。20日線を踏んで、下落してしまいました。

この局面での「ストーリー」は、『底値を固めて、「底練り」を飛び出し、上昇局面入りする』です。下落にはガッカリですが、このストーリーはまだ崩れていません。

ストーリーが崩れるのは、「今まで保ってきた底値を割り込んだ」時です。

ですから、この段階での建玉の操作は、以下が正解になります。

「空売りのヘッジを入れて、ローソク足の並びや陰線の出方によっては、ヘッジを追加しながら、底値を固めるのを見守る」

ところが、この20日線を踏んで下落してしまったことで動転すると、セオリーどおりのトレードができなくなってしまいます。練習では余裕でできていてもです。

これは「時間軸」に負けたのです。

想像してみてください。

練習ではたった数分から1時間程度で、2〜3ヵ月のシミュレーションをします。しかも、お金はかけていません。

しかし、実際のトレードでは、当然、実時間の2〜3ヵ月です。練習ではあんなに小さく見えた日足。あの日足が1個出るだけでも、丸1日かかるのです。しかも、予想と外れた分だけ、お金が失われていきます。

この時間感覚の違いは、練習と本番の大きな差です。

予想と違ったチャートになっても、この苦しい時間に耐えて、冷静に事態を把握しましょう。そして、自分の今の建玉を信じて心を落ち着け、今の状況をキープするメンタルが必要です。

本番で冷静さを失いそうになった時、自分に言い聞かせましょう。

『「時間軸」に負けない』と。

「事故」に負けない！

練習どおり完璧にできても、うまくいかないことがある
「練習」（教習所内練習）と「本番での練習」（公道練習）を積み重ねて、徐々にうまくいくようになってきたとします。

しかし、こんなことが起こることがあります。

「今までのパターンだったら確実に上昇あるいは下落していたのが、今回は予測に反した動きをし、損失を出してしまった。考えられる要因をいくつも探ったが、まったくわからない」

こんな場面です。


以前にもお話ししましたが、株価の動きは天体の動きのように寸分たがわぬ動きをするものではありません。出来高が多ければ多いほど、動きは予測が可能です。ただ、それでも、想定外の動きをすることがあります。

このような場合は「事故」と考えましょう。

あなたは、この「事故」に心を乱されないようにしなければなりません。

「事故」の後は、今までどおり淡々と身につけた「技術」で乗り切ってください。

ここで、心を乱したままだと、どんどんトレードが崩れて、深みにはまってしまいます。


野球で、ピッチャーがホームランを打たれて崩れるときと同じです。

次の打者は、いつもどおりの球が投げられれば、打ちとれるはずなのに、打たれる。打たれてますます自分のピッチングができなくなる。

日々のトレードでも、まったく同じことがいえます。

「事故」後、対応方法がわかっている場面なのに、

「またうまくいかなかったら、どうしよう」

と心配な気持ちが募ってきます。そして、下手なトレードをして損失を重ねます。

「事故」後も、その影響を受けずに、いつもの判断基準でトレードをする必要があります。

「いつもどおりやれば、うまくいくんだ」

とこういう時こそ踏ん張ってください。ここで踏ん張れる人が、事故に負けない人です。

「欲」に負けない！

練習で学んだことを実践するにあたって障害になるもののひとつに「欲」があります。

下げてきて、ローソク足が5日線を割り込み、20日線をも割り込んだ。

ここで空売りを入れる。これに続く下落の中、買いを仕込んでいく。

その後、ローソク足が5日線に触れる。

本来ならこれは底への「予兆」にすぎず、「下げ止まり」と考えるのは性急です。

しかし、多くのトレーダーは、ここで空売りを切ってしまいます。残るは、マイナス含みの仕込みの「買い」だけになっています。

空売りを入れて、買いを仕込んでいるわけですから、上昇トレンドに入るまでは、「買い」はマイナスのままで当然です。これを支えるのが、最初と下落の途中に入れた、空売りの含み益です。

ですから、この例での空売り手仕舞いのタイミングは、早過ぎなのです。

このようなトレードをしてしまう理由は、「欲」にあります。

今の自分の売買明細を見ると、空売りの利益は大きくなっている。

一方、買いの利益はマイナス。こんな時、ローソク足が5日線に触れると、「明日上がってしまったら、空売りの利益が減ってしまう」となるのは当然です。それで、まだ下げ切っていない状況なのに空売りを切ってしまうのです。

さらに、こんな気持ちも起きてきます。

「明日上げるのなら買いを入れておこう」

こうなると、買いまで追加してしまいます。

このような操作の後は、だいたい大きく下落してしまうものです。そうなると、「事故」に遭った時のように、通常どおりの建玉の操作ができなくなってしまいます。これは「欲」に負けているのです。


「欲」に負けないためには、どうするか?

「今、買いも売りも持っていなかったとしたら次の一手はどうするか」と考えるのもひとつです。参考にしてください。

こう思えば、フラットにチャートと向き合え、いつもの基本動作を思い出すきっかけになります。

いまだ道半ば

「現状維持は衰退」という言葉があります。

まさに、そのとおりですね。あなたが努力の末、プロ級の「技術」を身につけたとしても、日々の努力を怠れば、衰退の道をたどります。それがプロの世界です。

ただ、トレードの場合、テニスや相撲のように相手がいるわけではありません。ですから、相手が猛練習をしてくるとか、自分の体力が衰えてくるということはありません。ある程度のところまで技量が高まってしまえば、衰退グラフは緩やかになります。

しかし、始めて最初の2年間くらいは相当なパワーを費やす必要があります。この期間はサボったら、サボっただけ、技術は衰退します。暴落します。

ところが、私の弟子たちの今までの動きを見ると、多くがスロースターターです。最初の勢いが弱いのです。

本人は、かなりのパワーを傾けているつもりなのですが、私から見るとそうでもないのです。

あなたは、

「プロ級になってさらに上を目指すんだ、一生修行だ」

という意気込みで、スタートダッシュをかけてほしいと思います。志を高く持つ人は、うまくいかない時期を味わっても、すぐに辞めません。諦めずに練習を続け、やがてその壁を突破します。

あなたがプロ級になれるかどうかは、高い志を持って、練習と実戦を続けられるかどうかにかかっています。最初が一番つらく苦しいのですが、その辛い時期こそ技術向上に没頭してみてください。


このとり組みは、決して無駄にはなりません。

これからの修行の中でいろいろな壁があなたに立ちはだかると思います。

そんな時こそ、

「今、自分は株職人を目指している。そして、この鍛錬をとおして魂を磨いているんだ」

という気持ちで、取り組んでいただけたらと思います。

私はそう思いながら今も鍛錬を続けています。

剣道や書道を究めるのと同じように、「トレード道」を究めようと思っています。

そして、いまだ道半《なか》ばです。

終章

株の修行に終わりはない

常に、理解は「浅い」と思え！

知識の血肉化のために

ここまで読み進めてくださって、ありがとうございました。200ページ以上の本を全部読むというのは、なかなかパワーのいるものです。ましてや、この本は、チャートと本文を照らし合わせて読まなければなりません。大変です。よく頑張ってくださいました！　感謝！　そして、おめでとうございます！

「円」いえ、「縁」とは不思議なもので、人生には「あのことがなかったら今のこれはない」ということがよくあります。あなたとこの本の出会いも、それぞれのきっかけがあったことと思います。あなたにとって、「よい出会いだった」と思えるように利用していただければ幸いです。

本文にも書きましたように、株の教材を一緒に作ったある社長との出会いがなければ、同書も世に出ることはなかったと思います。

本書の感想はいかがですか。「難しかった」と思われた方もたくさんいると思います。でも、安心してください。この本でお話ししたレベルの内容を、最終的に理解できなかった人はいません。

もし、今あなたが難しいと感じているようでしたら、もう一度、その箇所を集中して読み返してみてください。深く考えてみてください。1回目に読んだ時よりも、今回のほうが理解が深まったはずです。

1回目に読んだ時の理解は間違っていた、ということすらあると思います。2回目は、今度はさらに理解が深まるはずです。そして、1回目の理解が甘かったことに気づきます。こうして、何度も読んでみると、知識があなたの血や肉になってきます。

成功のためには、このような勉強の仕方が大切です。

この本も少し汚れてきました。このような勉強を続けるとボロボロになってしまうので、今使っているこの本は勉強用、もう一冊は保存用と考えるようになってきます。もう1冊購入する必要が生じてきます。遠慮は禁物です！

常に「練習」するという試練

①硬派であれ！

②勤勉であれ！

一時的でない本当の成功をしたいならば、このようにあるべきだと私は考えています。こう考えると、人生が充実してきます。このふたつは、株塾の塾訓にもなっています。

運命鑑定の用語に「天中殺」というものがあります。

私たちの人生では12年に1回、2年間運気の悪い時期があるとされています。私は、かなり当たると思っています。

「天中殺」が本当にあるとするならば、神様のような「上位の存在」もあるはずです。そんな神様が、私たち人間に対してわざと悪くすることはないと思います。

では、なぜ「天中殺」とよばれるような時期があるのか。

それは、ずっといろいろとうまくいくと、誰しもよからぬことを考えたり、怠惰な生活を送ったり、脇が甘くなったりするからでしょう。

だから、神様は私たちに警告とさらなる成長を促す意味で、「運の悪い時期」を与えて

いるのでしょう。つまり、天中殺は試練なのです

そうだとしたら、私たちが運気を落とさない方法も考えられます。それは、自分で自分に試練を与えることです。神様がよい意味で私たちに試練を与えられるのであれば、神様が行動を起こされる前に、自ら試練の中に入っていくのです。

これを見た神様は、「私が試練を与える必要はないな」とお考えになるでしょう。自分で自分のために与えた試練と、外部からやってきた試練では、どれだけダメージが違うことか。

外から見たら同じように苦労をしているように見えても、自分で試練の中に飛び込んだほうが、よほど気がラクです。むしろ、喜んで試練に向かっていけそうです。

「硬派であれ！」「勤勉であれ！」は、まさに自ら試練を課すことです。昨日よりは今日、今日よりは明日、と自分を成長させるための行動指針なのです。

練習がつらくなったときこそ、試練に立ち向かうつもりで、この言葉を思い出してください。

最後になりますが、「株職人」に向けた修行に終わりはありません。

でも、最初のある程度の期間、練習をしていただければ、それなりの技術には達するはずです。

まずは、そこを目指しましょう。そうすれば、後はかなり楽になってきます。

そしてその際には、できれば私の生のセミナーか塾を受講してみてください。これは、はっきり言って宣伝です。ただ、そればかりではありません。

「株価の流れを読む」方法では、ページ数の関係、私の文章力の関係で、わかりにくかったところもあるかもしれません。

「建玉の操作」でも同じことがいえます。

一生懸命書いておりますが、「ここは生の話でなら、もっとうまく表現できたなぁ」と思ったところも正直あります。

しかし、講義なら字数を気にせず、存分に話し倒すことができます。

そして、私の教える技術も成長中です。

一例を挙げれば、100日線と300日線です。このふたつの移動平均線の有効性に気づいたのは、実は2015年末の時点です。このふたつの移動平均線を使わなくても、私はよいトレードができていました。

しかし、経験の浅い弟子たちには、どうしても難しい相場局面がありました。これを何とか解決しようと考えた結果が、100日線と300日線の利用だったのです。

つまり、2015年に同書が出版されてたら、100日線と300日線は掲載できなかったでしょう。掲載できたのは、ただ時期がよかっただけです。

しかし、定期的に開かれるセミナーや塾なら、常に最新理論をお届けすることができます。

あのマラソンの高橋尚子さんには小出義雄監督がいました。私の大好きなテニスの錦織圭くんにはマイケル・チャンコーチがいます。よいコーチの助けを借りたほうが、結局、早く正確に、高みにいけるのです。

ただの宣伝ではない、というのは以上の意味です。もちろんセミナー代、塾代はかかりますが、それ以上にあなたにとって価値のある講義をしてみせる自信があります。

塾生には、様々な分野の方がおられます。
たとえば、シンガポール在住の塾生たちは、事業で成功して10億円以上を得てリタイヤした方がほとんどです。
皆さん、大成功者であるにもかかわらず、私が言ったとおりの練習を、小学生時代に九九を覚えた時のように、一生懸命行ってます。
毎週、自主勉強会も開いているとのことです。
遠い異国の地で、10億円以上持っているおじさんたちが、真剣にモニターに向かって私の講義動画で勉強している姿を想像してみてください。

練習はひとりでもできますが、限界があります。こういう人たちがいてこそ、「負けずにやってやろう」と奮起できるのです。

何よりも、ひとりでやるより、みんなでやるほうが楽しいじゃありませんか。

ビールとスポーツ観戦と相場師朗の講義は、生が一番！

それでは、生でお会いしましょう！

2016年6月

相場師朗

◎相場師朗の公式サイト

https://aibashiro.jp/

（セミナーの情報はこちらから！）

◎相場師朗の投資法にあわせて改良されたパンローリング（株）のチャートサイト

https://bit.ly/1WM6e5U

『チャートギャラリー5 for Windows』

（エキスパート・プロ・スタンダードの3種類ありますが、スタンダードでも本書の投資法に支障ありません。なお本書はモノクロですが、実際の移動平均線は色分けされています）

相場師朗の

最新情報はこちら

本書をご購入いただき、誠にありがとうございました。著者の最新情報を入手されたい方は下記のサイトよりメールアドレスをご登録ください。
最新情報を不定期に配信しております。

https://bit.ly/2NPxdzV

LINE 登録も随時受け付けております

相場師朗（あいば・しろう）

株歴36年の「株職人」、現役プロトレーダー。利益の6割をカラ売りで稼ぐ業界随一の“カラ売りスペシャリスト"。

20歳で株の売買を始めてから20年間、「日本郵船」1銘柄のみの「売り」「買い」に集中、大きな利益を重ねる。その後、宮本武蔵が洞窟に籠もるが如く、チャートと建玉の研究に没頭、自己の手法を極めるべく精進を重ねており、日本株、米国株、イタリア指数、イギリス指数、ユーロ指数、金、原油、コーン、FXなど、どの市場でも大きな利益を生み出している。

研究発表の場として、投資塾「株塾」を主宰。塾生は増加し続け、今やアジア最大級。講演活動にも積極的で、その場は日本のみならず、米国、台湾、イギリス、ドイツ、フランス、シンガポールなどにも広がる。ラジオNIKKEI「相場師朗の株塾」では高い聴取率を誇り、同じくラジオNIKKEIの「トレーディングフロア」ではキャスターも務める。松本大学総合経営学部講師。


株《かぶ》は技術《ぎじゅつ》だ！

倍々《ばいばい》で勝《か》ち続《つづ》ける究極《きゅうきょく》のチャート授業《じゅぎょう》

2016年 7月 8日　初版発行
2024年 4月 8日　19刷発行

著者　相場師朗
発行者　和田智明
発行所　株式会社 ぱる出版

〒160-0011　東京都新宿区若葉1-9-16
03（3353）2835―代表　03（3353）2826―FAX
03（3353）3679―編集
振替　東京 00100-3-131586
印刷・製本　中央精版印刷(株)

ISBN978-4-8272-1006-4 C0033